"ESTRANHOU O QUÊ? PRETO PODE TER O MESMO QUE VOCÊ"

UM ESTUDO SOBRE TRAJETÓRIAS ESCOLARES DE SUCESSO DE ESTUDANTES NEGRAS E NEGROS DO ENSINO MÉDIO

Catalogação na Fonte
Elaborado por: Dayanne Leal Souza
Bibliotecária CRB 9/2162

R696e
2025

Rodrigues, Gerusa Faria
"Estranhou o quê?" Preto pode ter o mesmo que você": um estudo sobre trajetórias escolares de sucesso de estudantes negras e negros do ensino médio / Gerusa Faria Rodrigues. - 1. ed. - Curitiba: Appris, 2025.
183 p. ; 23 cm. - (Coleção Educação, Tecnologias e Transdisciplinaridades).

Inclui referências.
ISBN 978-65-250-8667-5

1. Juventudes. 2. Ensino médio. 3. Relações étnico-raciais. 4. Sucesso escolar. I. Rodrigues, Gerusa Faria. II. Título. III. Série.

CDD - 370.1934

Livro de acordo com a normalização técnica da ABNT

Editora e Livraria Appris Ltda.
Av. Manoel Ribas, 2265 - Mercês
Curitiba/PR - CEP: 80810-002
Tel. (41) 3156 - 4731
www.editoraappris.com.br

Printed in Brazil
Impresso no Brasil

Gerusa Faria Rodrigues

"ESTRANHOU O QUÊ? PRETO PODE TER O MESMO QUE VOCÊ"

UM ESTUDO SOBRE TRAJETÓRIAS ESCOLARES DE SUCESSO DE ESTUDANTES NEGRAS E NEGROS DO ENSINO MÉDIO

Appris editora

Curitiba, PR
2025

FICHA TÉCNICA

COMITÊ CIENTÍFICO DA COLEÇÃO EDUCAÇÃO, TECNOLOGIAS E TRANSDISCIPLINARIDADE

Racismo? No Brasil? Quem foi que disse? Isso é coisa de americano.

Aqui não tem diferença porque todo mundo é brasileiro acima de tudo, graças a Deus.

Preto aqui é bem tratado, tem o mesmo direito que a gente tem. Tanto é que, quando se esforça, ele sobe na vida como qualquer um. Conheço um que é médico; educadíssimo, culto, elegante, e com feições tão finas... nem parece preto.

(Lélia Gonzales, 1984)

AGRADECIMENTOS

Aos meus pais, Vera e Armando, tão presentes em minha vida, ao meu marido, Evandro, pelo carinho, companheirismo e apoio incondicional, e aos meus filhos, os grandes amores da minha vida!

Aos meus amigos maravilhosos da Escola Brasília, que me apoiaram em todos os momentos nessa longa caminhada até aqui, sempre tornando a vida mais feliz e leve, com as brincadeiras que garantem risadas maravilhosas.

E meus sinceros agradecimentos aos jovens estudantes, tão disponíveis, verdadeiros, que confiaram suas histórias a mim, se desnudando completamente, vocês são luz!

A todos vocês muito obrigada!

Dedico este trabalho a todos os jovens negros que tiveram suas trajetórias silenciadas, interrompidas, vilipendiadas pela necropolítica.

APRESENTAÇÃO

Com a implementação da Lei 10.639/2003, que versa sobre a obrigatoriedade do estudo da cultura africana e afrobrasileira no ensino fundamental e ensino médio, lei que é fruto de muita luta coletiva dos movimentos negros, muitos estudos sobre relações étnico raciais surgiram nos grupos de pesquisas dos cursos de pós-graduação. No entanto, grande parte desses estudos focam na falta de oportunidades educativas dos estudantes negras e negros e no fracasso escolar que está localizado neste grupo. Dessa forma, a pesquisa realizada e apresentada nesta obra buscou compreender as estratégias que os jovens empreenderam para se posicionarem no campo, subverter a ordem do fracasso, da falta de oportunidades e o racismo estrutural e cotidiano a que são submetidos de forma sistêmica, conseguindo obter sucesso escolar. Ao longo das conversas coletivas e entrevistas individuais, busquei compreender conceito de sucesso para os jovens, suas famílias e escola, dado que contribuiu na análise dos percursos individuais. A obra apresenta uma análise sociológica das trajetórias escolares, que busca compreender de que maneira os capitais cultural, social e econômico, conceitos debatidos pelo sociólogo Pierre Bourdieu e explorados neste livro, podem contribuir na obtenção do sucesso escolar e prolongamento das trajetórias acadêmicas.

Boa leitura!

PREFÁCIO

"Para educar para a liberdade, portanto, temos que desafiar e mudar o modo como todos pensam sobre os processos pedagógicos" (hooks, 2017, p. 193).

Foi com imensa alegria que recebi o honroso convite de prefaciar este livro, fruto de anos de empenho e dedicação da autora, Gerusa Faria Rodrigues: mulher negra, professora, pesquisadora, mãe.

Trata-se de um trabalho de entrega. A autora nos brinda com a combinação de rigor teórico-metodológico com sensibilidade e engajamento e nos prova que, sim, é possível produzir pesquisas socialmente relevantes com relevância científica. E isso não é algo menor. Muito pelo contrário. É qualidade. É compromisso.

O título *Estranhou o quê? Preto pode ter o mesmo que você* é uma provocação que nos inquieta e nos leva a reflexão sobre muitos temas e muitas camadas: racismo estrutural, desigualdades educacionais, direito educacional. O livro possibilita pensar nos inúmeros desafios da educação brasileira: o sucesso escolar tem cor? Qual o papel da escola na promoção da equidade racial e justiça social? Como a escola contribuiu ou não para a formação de uma consciência racial crítica de estudantes brancos e negros?

O texto genuíno e visceral de Gerusa Faria Rodrigues me remeteu à bell hooks, para a qual "não é fácil nomear nossa dor". Narrar e rememorar o racismo, enraizado em olhares, práticas, falas, gestos e atitudes racistas não é fácil, assim como não cabe às pessoas negras o papel de educar sobre esta questão. Essa é uma responsabilidade do Estado brasileiro, se reconhecemos que o racismo é sistêmico, estrutural e que não houve reparação em relação à escravização negra no Brasil. A fala de Gerusa, a qual "não ter conseguido o emprego me preocupava mais que a situação de racismo", expressa a entrega de uma autora, pesquisadora, engajada porque sim, ela parte de um lugar para dizer: "Minha negritude foi se constituindo junto ao meu objeto de pesquisa". A potência de um texto em primeira pessoa está aí: na entrega de si.

A violência do racismo, essa ferida colonial que nunca deixa de sangrar, faz com que, conforme sinalizado por Gerusa, crianças negras não se reconheçam como tal e muitas vezes, desejem embranquecer: há um ideal a ser perseguido, tornar-se branco, ter o comportamento padrão do branco, para dessa forma ser socialmente aceito e, quiçá, inserido nesse universo branco conseguir ascensão social para deixar a condição de subjugado (Souza, 1983). Daí a extrema importância de outras práticas nas escolas, desde a educação infantil.

O livro escrito por Gerusa Faria Rodrigues amplifica muitas vozes: Elisa, Marcelo, Michele, Natália, Raiane e Jéssica. A juventude negra tem direito a sonhar! São os sonhos de muitos jovens, mas também de muitas famílias negras, para as quais a educação representa o caminho para uma vida com mais dignidade, com direitos. Jovens negros também são protagonistas. O livro vocaliza muito bem isso.

Outro aspecto fundamental do livro é a racialização das questões reprovação e evasão escolar. Sim, essas nuances perversas do racismo estrutural no Brasil e isso precisa ser dito. O livro possibilita uma fundamentação para a necessária crítica à defesa de práticas meritocráticas no ambiente escolar e acadêmico. Os dados da pesquisa da autora contribuem enormemente para o fortalecimento da defesa sobre a importância de políticas públicas para as ações afirmativas e na promoção de uma educação de fato antirracista. Reconhecer que a reprovação tem cor e combater tal violência é fundamental.

A publicação deste livro é urgente e necessária. Faço coro para que seja amplamente divulgado, lido e incorporado nas disciplinas nos cursos de formação docente de todo o país.

Niterói, 4 de julho de 2025

Alexandra Lima da Silva

Professora da Faculdade de Educação
Programa de Pós-Graduação em Educação
Pós-Graduação em Ensino de História – ProfHistoria
Universidade do Estado do Rio de Janeiro

Referências

hooks, bell. *Ensinando a transgredir*: a educação como prática da liberdade. São Paulo: Editora Martins Fontes. 2017. 283p.

SOUZA, Neusa Santos. *Tornar-se negro*: as vicissitudes da identidade do negro. Rio de Janeiro: Edições Graal, 1983.

SUMÁRIO

INTRODUÇÃO

Preto joga charme, come carne
Preto roda de chofer
Anda de avião, craque de gamão
Troca de talher
Preto lê exame, férias em Miami
Prêmio Molière
Pede uma suíte, roupa de boutique
Preto da rolé

Estranhou o que?
Preto pode ter o mesmo que você.

(Moacyr Luz, Estranhou o quê?)

Sentindo na pele o racismo estrutural

O ano era 1999. Havia acabado de me formar em Pedagogia e procurava emprego como professora, já que como pedagoga, sem experiência, seria quase impossível. Deixei currículo em várias instituições de grande, médio e pequeno porte, até que finalmente uma escola entra em contato convidando para uma entrevista: me arrumei bem, como sempre orientou minha mãe, e fui cheia de esperança. Quando iniciei a conversa com a proprietária da escola era visível em seu rosto a decepção em me ver. "**É você a Gerusa?**". Seu olhar parecia me dizer "pensei que fosse diferente".

A conversa foi breve. A proprietária da escola mal olhava para mim e se espantou ao saber que eu tinha estudado em uma universidade federal. Fez algumas perguntas sobre minha vida pessoal e nenhuma sobre minha trajetória acadêmica. Queria saber como consegui me manter em outra cidade, qual era a profissão de meus pais, como conseguiram tal feito? A princípio, não entendi a curiosidade em relação à minha vida pessoal, até que veio o desfecho da entrevista: "seu currículo é muito bom, mas você é muito moreninha, as mães podem não gostar de ter uma professora como você". "Não é comum né? Você entende, né?".

Retrospectivamente, poderia dizer que saí da escola desolada. Não tive coragem de compartilhar com minha família o que havia acontecido: passar por atos de racismo e preconceito, geralmente, causam vergonha, constrangimento ao agredido. Compreendo que não possuía, na época, condições de analisar ou mesmo elaborar uma resposta fundamentada para questionar a atitude da proprietária da escola.

Não ter conseguido o emprego me preocupava mais que a situação de racismo. Dias depois, consegui um emprego em uma escola perto de minha casa e contei apenas para uma amiga o que havia acontecido. Pensei na situação explícita de racismo que tinha sofrido, mas as reflexões não foram profundas, sofri, mas ter conseguido emprego em outra instituição renovou meu ânimo. Naquele momento, pensar a estrutura social racista não estava ao meu alcance; pensar os benefícios da branquitude ou construção da negritude não era uma possibilidade. O sentimento era de inferioridade e impotência. A única coisa que era possível pensar era como ser negra tornava tudo mais difícil, mas compreender o racismo estrutural ainda não estava ao meu alcance no momento em que aquele fato ocorreu.

Em Almeida (2018, p. 36), é possível compreender o que é racismo estrutural:

> As instituições são apenas a materialização de uma estrutura social ou de um modo de socialização que tem o racismo como um de seus componentes orgânicos. Dito de modo mais direto: as instituições são racistas porque a sociedade é racista. Esta frase aparentemente óbvia tem uma série de implicações. A primeira é a que há instituições cujos padrões de funcionamento redundam em regras que privilegiam determinados grupos raciais, é porque o racismo é parte de uma ordem social. Não é algo criado pela instituição, mas é por ela reproduzida.

O racismo pode ser compreendido como uma forma sistemática de discriminação, que toma a raça como seu principal fundamento, discriminar pessoas por seus traços físicos, seu fenótipo que serve de linha de demarcação racial. Estas práticas que são conscientes ou inconscientes acabam por produzir vantagens e privilégios para um determinado grupo. Dessa forma, é necessário compreender que há diferenças entre preconceito racial e discriminação racial.

De acordo com Almeida (2018, p. 32):

> O preconceito racial é o juízo baseado em estereótipos acerca de indivíduos que pertencem a um determinado grupo racializado, e que pode ou não resultar em práticas discriminatórias. Considerar negros violentos e inconfiáveis, judeus avarentos ou orientais "naturalmente" preparados para as ciências exatas são exemplos de preconceitos. A discriminação racial, por sua vez, é a atribuição de tratamento diferenciado a membros de grupos racialmente identificados. Portanto, a discriminação tem como requisito fundamental o poder, ou seja, a possibilidade efetiva do uso da força, sem o qual não é possível atribuir vantagens ou desvantagens por conta da raça.

Em muitos momentos é difícil compreender, de fato, o que está acontecendo à sua volta, principalmente quando a situação é de discriminação racial. Na entrevista a qual fui submetida, havia claramente a relação de poder exercida pela proprietária da instituição de ensino, que, com os privilégios de sua posição, fez um julgamento baseado em minhas características físicas. Em situações como estas, o primeiro sentimento é o de vergonha, não há compreensão de que vivemos em uma estrutura social que é histórica e socialmente racista.

O trecho a seguir elucida este sentimento, este desejo de embranquecer, pelo qual muitos negros passam:

> Se ele é um malgaxe[1], é porque o branco chegou, e se, em um dado momento da sua história, ele foi levado a se questionar se era ou não um homem, é que lhe contestavam sua humanidade. Em outras palavras, começo a sofrer por não ser branco, na medida que o homem branco impõe uma discriminação, faz de mim um colonizado, me extirpa qualquer valor, qualquer originalidade, pretende que seja um parasita no mundo branco, "que sou uma besta fera, que meu povo e eu somos um esterco ambulante, repugnantemente fornecedor de cana macia de algodão sedoso, que não tenho nada a fazer no mundo (Fanon, 2008, p. 94).

Sob alguns aspectos o sentimento e o desejo de embranquecer remetem às considerações de Fanon: a mente colonizada que faz com que haja um sentimento de inferioridade imposto pela branquitude do outro, o qual visa desumanizar sua existência e medir a capacidade profissional pela cor da pele. Então passa a habitar seus pensamentos, ainda que

[1] Atual região de Madagascar.

em raros momentos, o desejo de embranquecer – não na pele, mas nas atitudes, vocabulário, vestimenta, relacionamentos e tudo mais que for possível. Não obstante, o problema do branqueamento é considerado um problema do negro, que desconfortável com a sua condição começa a se identificar com o branco, o branco torna se assim, um modelo universal, um padrão de referência para todo um grupo (Bento, 2014).

Somente anos mais tarde compartilhei aquele fato com minha família. Nesse momento já entendia melhor o que tinha ocorrido e possuía um arcabouço maior para compreender o racismo estrutural da sociedade brasileira. Hoje estas discussões fazem parte da rotina familiar em minha casa e na casa dos meus pais, que apesar do baixo grau de instrução, percebem estes acontecimentos de uma outra forma. A sociedade mudou? Sim, com toda certeza, mas não de maneira a superar suas estruturas racistas. A informação chega às pessoas e os movimentos sociais possibilitam, ainda que indiretamente, uma nova percepção dos fatos – o que é importante, mas não suficiente.

Pesquisas sobre as desigualdades sociais por cor/raça no Brasil, como as desenvolvidas pelo Instituto Brasileiro de Geografia e Estatística- IBGE (2019), apontam dados muito relevantes sobre as desigualdades e como avançamos pouco na superação dos problemas raciais. As discussões existentes não se traduzem em ações concretas, como é possível perceber. No mercado de trabalho os cargos gerenciais são ocupados, em sua maioria, por homens brancos, e apenas 29,9% por homens negros. Esta situação é ainda mais gritante se considerarmos mulheres negras que recebem menos da metade do que auferem a homens brancos, 44,4 %. De acordo com o IBGE (2019), estas discrepâncias se devem a segregação ocupacional e menos oportunidades educativas[2].

As taxas de analfabetismo e violência são alarmantes e traduzem os reflexos do racismo estrutural presente na sociedade: 98,5% dos jovens assassinados, entre 15 e 29 anos, no ano de 2018, eram pretos ou pardos, sendo deste total 10,1 de mulheres negras. Entre os totais de analfabetos em 2018, das zonas urbanas e rurais, 3,9% do total de analfabetos são brancos, enquanto 9,1% são pretos e pardos. Na zona urbana os percentuais são 3,1% de brancos, e 6,8 de pretos e pardos. Na zona rural, o percentual

[2] O Instituto Brasileiro de Geografia e Estatística- IBGE, utiliza em suas pesquisas as seguintes categorias para cor ou raça: branco, preto, pardo, amarelo e indígena, sendo que, a categoria "preto", é utilizada no censo demográfico desde 1872. De acordo com a Pesquisa Nacional por Amostras de Domicílios (PNAD) 2019, 42,7% dos brasileiros se declaram brancos, 46,8 % pardos, 9,4% como pretos e 1,1 % como amarelos e indígenas.

atinge 11,0% dos brancos e 20,7% de pretos e pardos, e de pessoas de 15 anos ou mais em ambos os grupos.

Os dados apresentados revelam de forma contundente a grande desigualdade racial e social existente no Brasil, e reforçam a necessidade das políticas afirmativas fomentadas pelos movimentos negros. Ainda temos que avançar para a superação da discriminação e preconceito, pois este processo impacta negativamente a vida de mulheres e homens negros.

Retomando a epígrafe da seção, preto pode fazer várias coisas, embora as oportunidades e condições não sejam as mesmas. Contudo, se o estranhamento da proprietária da escola em ver uma mulher preta formada por uma universidade pública era, por assim dizer, "natural" naquela época, hoje, com a implementação das cotas sociais e raciais, a presença de negras e negros nas universidades se tornou mais comum[3]. Esta inserção é fruto de muita luta coletiva, que deve começar na educação básica, com a oferta de maiores oportunidades educativas para as crianças e jovens negros, e reconhecimento da invisibilidade (do racismo) deste grupo no espaço escolar.

Esta necessidade de ampliação de oportunidades a crianças e jovens negras e negros, leva ao que se tornou o objetivo geral desta pesquisa: analisar como se constituíram as trajetórias de sucesso escolar entre os jovens negras e negros do ensino médio, de uma escola pública da rede estadual de Petrópolis, procurando compreender em que medida os diferentes capitais (cultural, social e econômico) se correlacionam.

Segundo Dayrell (2007, p. 1114):

> [...] as escolas públicas de ensino médio no Brasil, até recentemente, eram restritas a jovens das camadas altas e médias da sociedade, os "herdeiros", segundo Bourdieu, com uma certa homogeneidade de habilidades, conhecimentos e de projetos de futuro. A partir da década de 1990, com a sua

---

[3] O termo *Ação Afirmativa* refere-se a um conjunto de políticas públicas para proteger minorias e grupos que, em uma determinada sociedade, tenham sido discriminados no passado. A ação afirmativa visa remover barreiras, formais e informais, que impeçam o acesso de certos grupos ao mercado de trabalho, universidades e posições de liderança (Oliven, 2007). Em 2002, foi criado o Programa Nacional de Ações Afirmativas, no entanto, foi no governo do presidente Luiz Inácio Lula da Silva (2003- 2010), que estas ações ganharam força, e a educação das classes populares passa a integrar de forma sistemática as pautas governamentais, se tornando política de Estado – resultando, assim, em uma ampliação da oferta de vagas nas universidades públicas e privadas e assistência estudantil. Possibilitou o ingresso e permanência de uma parcela da população (estudantes das classes populares, negros e indígenas), que por décadas foram alijados do direito ao ingresso no ensino superior.

> expansão, passam então a receber um contingente cada vez mais heterogêneo de alunos, marcados pelo contexto de uma sociedade desigual, com altos índices de pobreza e violência, que delimitam os horizontes possíveis de ação dos jovens na sua relação com a escola. Esses jovens trazem consigo para o interior da escola os conflitos e contradições de uma estrutura social excludente, interferindo nas suas trajetórias escolares e colocando novos desafios à escola.

E, neste contingente de estudantes que rompeu as barreiras sociais, passando a frequentar as escolas públicas de ensino médio, estão situados os jovens negras e negros, os quais apresentam os conflitos e contradições como alguns dos elementos que compõem suas trajetórias de vida e escolares. Dados que despertam o interesse em compreender como, dentro do contexto apresentado, estes jovens conseguem bom desempenho escolar, contrariando o que é esperado desta parcela de estudantes.

O poder público ainda não conseguiu se adaptar à realidade da inserção das classes populares no ensino médio das escolas públicas; e políticas afirmativas de ampliação de vagas e permanência nos colégios ainda não foram implementadas de modo mais efetivo, como visto no ensino superior.

Dessa forma, com base nas questões apresentadas, a pesquisa também tem como objetivos específicos: Compreender o que é sucesso para jovens negras e negros e para a escola, considerando que diante dos dados sobre a realidade social de pretos e pardos, chegar ao ensino médio, para muitas famílias negras e de classe popular, pode ser considerado sucesso escolar; compreender a percepção dos alunos negros sobre o racismo, considerando de que forma se sentem afetados e quais os sentidos que o racismo dá às trajetórias escolares destes estudantes; compreender de que forma os mais diversos agentes – ou seja, o que Bourdieu (2007), denomina de *capital social* – podem contribuir na construção do sucesso escolar de jovens negras e negros.

Como nota Dayrell (2007, p. 1117):

> Predomina uma representação negativa e preconceituosa em relação aos jovens, reflexo das representações correntes sobre a idade e os atores juvenis na sociedade. É muito comum, nas escolas, a visão da juventude tomada como um "vir a ser," projetada para o futuro, ou o jovem identificado com um hedonismo individualista ou mesmo com

> o consumismo. Quando se trata de jovens pobres, ainda mais se forem negros, há uma vinculação à ideia do risco e da violência tornando-os uma "classe perigosa".

A representação social dos jovens negras e negros, apontada por Dayrell, é a maneira como o racismo estrutural faz com que a sociedade veja estas moças e rapazes, nos espaços sociais variados, incluindo a escola; portanto, o fato de permanecerem estudando pode ser considerado, para alguns, uma forma de sucesso, tornando necessária a compreensão do "sucesso" para este grupo. Esta série de estigmas faz com que as ofertas educativas sejam reduzidas, sob o pretexto da falta de interesse dos estudantes negros, comportamento agressivo, ou mesmo falta de condições de permanecerem matriculados, por serem o grupo mais vulnerável que acaba evadindo da escola, pela necessidade de muitos ingressarem no mercado de trabalho, ainda que de maneira bastante precária, o que é imposto pela grande desigualdade social.

O quantitativo de jovens que tentam conciliar trabalho e escola é alto, segundo pesquisa realizada por Dayrell e Jesus (2016). Entretanto, o percentual dos que não conseguem se adequar a esta realidade e acabam desistindo da escola também é bastante expressivo. Outra barreira social enfrentada pelos jovens se refere à discriminação racial, considerando que grande parte dos excluídos da escola é negra. Esta discriminação não se manifesta apenas no acesso ao ensino, mas na permanência, tendo como consequência a evasão e os baixos resultados escolares.

Construção da negritude e do objeto de pesquisa

Compreender é, em primeiro lugar,
compreender o campo em que nos fizemos
e contra o qual nos fizemos
(Bourdieu, Esboço para uma autoanálise)

Inicio esta reflexão sobre a construção do meu objeto de estudo com um mergulho profundo sobre minha trajetória acadêmica, analisando como as estruturas sociais a compuseram, sem intencionar apresentar uma autobiografia, e, sim uma auto socioanálise. Como aponta Bourdieu (2005), o objetivo é trazer um olhar sociológico sobre as questões do passado, uma investigação teoricamente inspirada, para compreender como construí meu objeto de estudo, como me constituí mulher preta, professora, mãe e pesquisadora.

Como defende Bourdieu (1989, p. 51):

> Aquilo a que chamei a objetivação participante (e que é preciso não confundir com a "observação participante", análise de uma falsa participação num grupo estranho), é sem dúvida o exercício mais difícil que existe, porque requer a ruptura das aderências e das adesões mais profundas e mais inconscientes, justamente aquelas que, muitas vezes constituem o "interesse" do próprio objeto estudado para aquele que o estuda, tudo aquilo que ele procura conhecer.

Dito isto, o mergulho profundo sobre a trajetória acadêmica, pode ser compreendido como objetivação participante, buscando, dessa forma, elaborar o objeto de estudo e justificar a relevância de desvelar as camadas que compõe o tema, e, como este se entrelaça a construção do me tornar mulher preta, professora e pesquisadora.

O primeiro pensamento que vem à mente é sobre a construção de minha identidade de mulher preta que foi marcada por processos de silenciamentos, desejos de embranquecer e alguns privilégios que me possibilitaram seguir e ser considerada uma boa aluna e obter sucesso escolar.

Toda minha trajetória escolar foi cursada em unidades públicas de ensino, que ainda estavam iniciando um processo de abertura às classes populares. A democratização do acesso à educação contribui para a existência dessa diversidade cultural, considerando que a escola, mesmo pública, era frequentada por uma elite social branca. Fato que começa a ser modificado nos anos 1980, momento em que as camadas populares começam a adentrar nesse espaço, criando, assim, uma luta silenciosa entre a diversidade cultural e o modelo homogeneizador de ensino.

Hoje consigo compreender o campo que me constituiu, aluna oriunda de uma escola pública elitista, lugar de exclusão de todos que não se encaixavam no padrão determinado, e que não mudou muito, nos dias atuais. Percebo agora os privilégios que tive durante este processo: tinha uma família fora do padrão das famílias negras, que são compostas, em sua maioria, apenas por mulheres trabalhadoras.

Venho de uma família de classe popular, com pai operário e mãe técnica em contabilidade, que aprendeu com sua própria mãe, minha avó, a valorizar imensamente a instrução escolar. Dessa forma, frequentei durante os anos iniciais (1ª à 4ª série do ensino fundamental) aulas particulares para me auxiliar nas tarefas, o que me proporcionou um rendimento muito acima da média dos demais alunos das turmas.

O bom rendimento escolar me causou alguns problemas de integração durante os anos iniciais. A grande maioria da turma, que era composta por crianças brancas, não se misturava com as crianças pretas, como eu, e os poucos negros estavam, de modo geral, em situação de fracasso escolar: eram taxados como bagunceiros e também não gostavam de interagir comigo. A chegada na adolescência acrescentou um novo problema à questão da construção de uma autoimagem positiva: o interesse pelos meninos que não era correspondido, pois eu não me encaixava no padrão de beleza ou mesmo comportamento.

Poderia considerar, em uma análise mais profunda, que eu não correspondia a alguns padrões estabelecidos para as meninas negras, que em geral são hipersexualizadas, fato que não ocorria comigo, já que minha aparência era bem infantil. E o padrão de beleza construído socialmente é branco. Segundo Souza (2006, p. 181):

> [...] é interessante pensarmos a raça corporificada enquanto perspectiva e bagagem cultural, além de marcar os próprios corpos, lugar onde vai se defrontar/confrontar com a questão da estética. Se a cultura racista dominante é reproduzida pelos brancos, a beleza branca é a dominante a "ideal", assim como as práticas culturais e o ponto de vista branco ocidental.

Éramos poucas alunas negras e nenhum aluno negro "retinto"; o único negro era lido como "moreno", pois seus cabelos eram lisos. Dessa forma, nós, as pretas, não éramos vistas como palatáveis ao gosto e estereótipos dos meninos brancos. Ganhávamos apelidos. Analisando estes apelidos com um olhar teoricamente informado, compreendo que eram racistas e que despertavam em mim tristeza, sentimento de inferioridade e um desejo de me tornar branca para ser aceita e bem quista pelos meninos.

O racismo faz com que crianças negras não se reconheçam como tal e desejem embranquecer: há um ideal a ser perseguido, tornar-se branco, ter o comportamento padrão do branco, para dessa forma ser socialmente aceito e, quiçá, inserido nesse universo branco conseguir ascensão social para deixar a condição de subjugado (Souza, 1983).

A garota ideal, assim como o aluno ideal, via de regra, são brancos. Dessa forma, os professores sempre pontuavam alguns problemas no meu comportamento, como falar demais. Percebe-se frequentemente nos educadores que, ao trabalhar com aspectos culturais relacionados à origem social dos alunos, há um desejo de alterá-los, o que pode ser percebido como uma forma de etnocentrismo educacional que visa à anulação da diferença. Dessa forma, o aluno ideal, que em grande parte das vezes é branco, deve servir como referência, fazendo com que todos os outros neguem sua negritude, cultura e identidade. Muitos se rebelam, resistem, mesmo que de forma inconsciente, o que é traduzido pelos professores como indisciplina, pois, tudo que foge ao etnocentrismo branco é considerado comportamento marginal (Romão, 2001).

Fanon (2008, p. 46) apresenta a origem da necessidade das negras e negros afirmarem sua cultura e resistirem ao processo de etnocêntrico europeu:

> Encontro um alemão ou um russo falando mal o francês. Tento, através de gestos, dar-lhes as informações que ele pede, mas não esqueço que ele possui uma língua própria, um país, e que talvez seja advogado ou engenheiro na sua cultura. Em todo caso, ele é estranho a meu grupo, e suas normas devem ser diferentes. No caso do negro, nada é parecido. Ele não tem cultura, não tem civilização, nem "um longo passado histórico". Provavelmente aqui está a origem dos esforços dos negros contemporâneos em provar ao mundo branco, custe o que custar, a existência da civilização negra.

Essa observação de Fanon remete a similaridades no processo educacional, onde crianças e jovens brancos têm seus processos culturais respeitados e representados, enquanto as crianças e jovens negros não. Silenciando e buscando desconsiderar a presença do racismo estrutural no espaço escolar.

O ingresso no Curso Normal, a (não) *escolha* da profissão e o curso de Pedagogia

Como sabemos, uma das definições de *habitus* é que este pode ser entendido como um sistema de disposições duráveis e transponíveis, uma história individual e grupal sedimentada no corpo. É a estrutura social que se tornou estrutura mental, a qual pode ser compreendida como uma aptidão social, que varia com o tempo e lugar, sendo simultaneamente estruturado (representando os meios sociais passados), e estruturante (ações e representações presentes), o *habitus* opera como o princípio não escolhido de todas as escolhas (Wacquant, 2007).

Meu ingresso no curso normal não foi exatamente uma "escolha"; minha primeira opção era um curso técnico em secretariado, que era ofertado à noite, e como eu tinha pouca idade, frequentar um curso noturno, não era uma possibilidade para os meus pais. Como o importante para minha família – assim como para tantas famílias das classes populares e seu *habitus* de classe – era sair do segundo grau com uma formação profissional, que me possibilitasse remuneração e cursar a faculdade posteriormente, o curso normal passou a ser uma saída viável. E que me agradou.

Segundo Bourdieu e Passeron (2012, p. 28):

> Definindo chances, condições de vida e de trabalho totalmente diferentes, a origem social é, de todos os determinantes, o único que estende sua influência a todos os domínios e a todos os níveis de experiência dos estudantes e primeiramente às condições de existência.

Dentro desta perspectiva de classe social popular, ser professora me possibilitaria ingressar rapidamente no mercado de trabalho e, quem sabe, posteriormente, me tornar funcionária pública e obter estabilidade no emprego. Ou seja: estabilidade financeira. Para Bourdieu (2007), a escolha do destino das diferentes classes sociais são a expressão de um sistema de valores implícitos ou explícitos que elas devem à sua posição social e que em geral podem ser limitados pelas oportunidades objetivas. Dito isto, considerando a perspectiva de classe, forjada no mundo do trabalho, para os meus pais o fundamental era se inserir o mais cedo possível no mercado de trabalho.

No segundo ano do Curso Normal comecei a ministrar aulas particulares, e o dinheiro que ganhava me possibilitava realizar atividades de lazer e comprar roupas, nunca precisei auxiliar nas despesas da casa, levávamos uma vida simples, mas, como se diz comumente, "muito digna". O último ano do curso normal chegou e com ele algumas expectativas: vestibular, início de uma graduação, me tornar professora. Entretanto, à medida que o final do ano se aproximava as angústias começaram a tomar conta. Um dia, conversando com uma professora, recebi uma orientação sobre o curso superior: por que não cursar Pedagogia no lugar da Psicologia e me habilitar em orientação educacional? Pois, segundo a professora, eu veria especificidades muito ligadas à Psicologia e seria mais viável encontrar emprego após o término do curso.

Refleti sobre a questão e discuti com minha mãe, que concordou que Psicologia realmente não era um bom curso para "filho de pobre"; seria difícil ingressar no mercado de trabalho e montar um consultório, definitivamente, não era uma possibilidade. Como vemos, há uma clara questão que se refere ao capital cultural e econômico. Segundo Bourdieu (2007), o capital cultural é um ter que se tornou ser, uma propriedade que faz parte do corpo se tornando parte da pessoa, um *habitus,* que apenas o capital econômico não é capaz de constituir em seu estado incorporado. Isto posto, eu não possuía capital cultural e tampouco econômico para me estabelecer em uma carreira como psicóloga.

Ao iniciar a graduação em Pedagogia, na Universidade Federal de Juiz Fora, em 1994, ressenti alguns incômodos, como o fato de não haver outras pessoas negras na turma, o alto padrão financeiro das estudantes do curso diurno, embora o nível econômico das alunas do noturno fosse completamente diferente. O curso noturno era composto por estudantes trabalhadoras, oriundas das classes populares, mas o diurno onde cursava, não. Havia personalidades da cidade matriculadas ali, modelos, miss, filhas e sobrinhas de políticos. Logo percebi que estas alunas gostavam de ratificar o estigma do curso de Pedagogia e a turma ganhou o apelido entre os professores as *high society*, em um curso com o estigma de "espera marido". E eu com o meu "habitus" de classe popular, e negra, me sentia absurdamente deslocada naquele espaço. As discussões sobre relações étnico-raciais eram inexistentes, e tocar nestas questões me causava grande incômodo. De acordo com (Figueiredo; Grosfoguel, 2009), raramente os autores negros estão nas bibliografias dos cursos ministrados nas universidades, o que é definido pelos autores como "política do esquecimento", resultante do racismo institucional, o que reverbera no baixo quantitativo de professores negros nas universidades públicas e privadas de todo país[4].

[4] Segundo os dados do Instituto Nacional de Estudos e Pesquisas Educacionais Anísio Teixeira (Inep), no ano de 2017, o número de docentes do ensino superior, em universidades públicas e privadas, girava em torno de 400 mil, e apenas 62. 239, 16% deste quantitativo se autodeclararam pretos e pardos.

A presença do racismo era evidente em algumas situações, mas retrospectivamente, vejo que era naturalizado por mim e por outras pessoas – negras e brancas. Posso afirmar que eu não possuía consciência racial, não me sentia branca, mas não sentia necessidade de me identificar racialmente. Na verdade, sentia grande constrangimento se algum assunto relativo à raça vinha à tona.

Em Bersani (2017, p. 386), é possível observar como se materializou o processo de exclusão e elitização do ensino superior:

> Ora, se o espaço é historicamente elitista, como a história também demonstra que os africanos escravizados e seus descendentes não tiveram qualquer espaço no seio social além da opressão durante o escravismo e da exclusão social após terem sido descartados por esse sistema, não é preciso grande esforço para que se conclua o fato de as universidades públicas brasileiras serem reservadas às elites brancas, por mais paradoxal que possa parecer essa expressão, pois a desigualdade aqui consolidada abriu espaço para a formação de uma única elite- e ela é branca.

Analisando com o distanciamento que um olhar teoricamente informado possibilita, percebo as questões relativas à diferença entre a linguagem utilizada no espaço acadêmico – espaço histórica e socialmente reservado à branquitude –, e a linguagem utilizada entre os meus familiares e amigos mais íntimos, da mesma origem social, era fundamental para que eu me distinguisse, me sentisse alguém digno de frequentar aquele espaço elitizado, para quem sabe um dia, me tornar uma igual.

Para refletir mais profundamente sobre estas questões Fanon (2008, p. 34) aponta discussões bastante elucidativas:

> Todo povo colonizado – isto é, todo povo no seio do qual nasceu um complexo de inferioridade devido ao sepultamento de sua originalidade cultural – toma posição diante da linguagem da nação civilizadora, isto é, da cultura metropolitana. Quanto mais assimilar os valores culturais da metrópole, mais o colonizado escapará da sua selva. Quanto mais ele rejeitar sua negridão, seu mato, mais branco será.

Em nenhum momento do curso me senti fazendo parte daquela elite, mas para ser minimamente aceita precisava adotar a linguagem e postura do grupo. Há um desejo inconsciente de fazer parte do jogo, de deixar a condição de subjugado. E a única forma possível, naquele momento, parecia ser negar, em certa medida, parte do universo social que me constituía – o que levou à clivagem do meu *habitus* de classe e à incorporação do *habitus* acadêmico, aderindo, assim, à "violência simbólica" exercida pelas classes dominantes, como podemos constatar em Bourdieu (2019, p. 64):

> A violência simbólica se institui por intermédio da adesão que o dominado não pode deixar de conceder ao dominante (e, portanto, à dominação) quando ele não dispõe, para pensá-la e para se pensar, ou melhor, para pensar sua relação com ele, de mais que instrumentos de conhecimento que ambos têm em comum e que, não sendo mais que a forma incorporada da relação de dominação, fazem esta relação ser vista como natural; ou, em outros termos, quando os esquemas que ele põe em ação para se ver e se avaliar os dominantes (masculino/feminino, branco/negro etc.), resultam da incorporação de classificações, assim naturalizadas, das quais seu ser social é produto.

Apesar dessa clivagem do meu *habitus* de classe, um *habitus* ademais racializado (Bourdieu, 1989), gostava muito do curso e das oportunidades que fui construindo no seu decorrer. Naquele espaço me constituí professora, me envolvi em muitas atividades, monitorias, bolsas de pesquisa e comecei a lecionar. Nesse período passei a ter certeza da "escolha" feita e a me preocupar com outras questões que envolviam os alunos oriundos da escola pública e com o espaço escolar.

Compreender minha trajetória acadêmica é fundamental para o processo de auto reflexividade em relação à construção do meu objeto de estudo, para perceber como cheguei a determinadas questões e ao campo que me constituiu, e contra o qual estou lutando. Como nota Bourdieu (2008, p. 694),

> [...] só a reflexividade, que é sinônimo de método, mas uma reflexividade reflexa, baseada num "trabalho", num "olho" sociológico, permite perceber e controlar no campo, na própria condução da entrevista, os efeitos da estrutura social na qual ela se realiza.

E, dentro do processo de auto reflexividade se situa a busca pela compreensão da escola como um espaço que embora possa contribuir para a construção de oportunidades para estudantes negras e negros, também têm seus processos escolares marcados por ciclos de silenciamento e exclusão.

A instituição escolar é um local de constantes tensões entre os diversos grupos que a compõem. A democratização do acesso à educação contribui para a existência dessa diversidade cultural, já que antes a escola, mesmo pública, era frequentada por uma elite social branca, fato que começa a ser modificado nos anos 1980, e as camadas populares da sociedade começam a adentrar este espaço criando, assim, uma luta silenciosa entre a diversidade cultural e o modelo homogeneizador de ensino. Nesse ambiente, encontramos as diferenças relativas a gênero, sexualidade, cultura, comunidades religiosas e, também, as questões raciais.

Ao longo dos 20 anos como professora da escola pública muitas questões me causaram incômodo e acreditei serem merecedoras de pesquisas para compreensão deste processo: a alfabetização dificultada das crianças, os programas governamentais que pouquíssimas vezes surtem efeito, as questões religiosas que influem no processo e a comunicação violenta entre professores, alunos e comunidade. No entanto, sem que houvesse uma reflexão sistemática a respeito, o que estava no cerne do meu incômodo eram as questões raciais, mascaradas no processo escolar.

Uma discussão ocorrida em um curso durante o mestrado em educação despertou meu interesse pelas relações étnico-raciais na escola. De certa forma, a reflexão decorrente daquele episódio também foi o ponto de partida para a construção da minha negritude e uma maior consciência racial. Penso ser importante definir negritude. De acordo com Domingues (2005, p. 26):

> [...] negritude passou a ser um conceito dinâmico, o qual tem um caráter político, ideológico e cultural. No terreno político, negritude serve de subsídio para ação do movimento negro organizado. No campo ideológico, negritude pode ser entendida como processo de aquisição de uma consciência racial. Já na esfera cultural, negritude é a tendência de valorização de toda manifestação cultural africana. Portanto, negritude é um conceito multifacetado.

Minha negritude foi se constituindo junto ao meu objeto de pesquisa, pois abarca os pontos descritos anteriormente por Domingues, e muitas outras que se construíram ao longo de um percurso histórico e social.

Os caminhos da pesquisa

A pesquisa que se apresenta buscou compreender como são construídas as trajetórias escolares de sucesso de estudantes negras e negros do ensino médio em um colégio público, localizado no centro da cidade de Petrópolis, município da região serrana do Estado do Rio de Janeiro. A cidade fica próxima à capital fluminense e recebeu este nome em homenagem ao Imperador D. Pedro II, que possuía seu palácio de verão na localidade – local de temperatura amena, propícia a receber visitantes europeus não acostumados ao calor dos trópicos. Anos mais tarde, o local se tornaria o Museu Imperial, um dos pontos turísticos mais visitados da cidade.

O colégio atendia no ano de 2022-2055 alunos do ensino médio, nas modalidades de ensino regular, Cursos Técnicos em produção de Áudio e Vídeo, Química, e Educação de jovens e adultos, distribuídos nos turnos diurnos e noturno. Os estudantes são oriundos de vários pontos da cidade de Petrópolis, e região da Baixada fluminense, principalmente para os cursos de Química e Áudio e Vídeo. O Colégio possui uma diversidade cultural muito grande, fato que pode contribuir bastante para a realização da pesquisa.

A escolha do Colégio Estadual Dom Pedro II se deve as suas características, algumas delas apresentadas anteriormente. O referido Colégio, que inicialmente tinha o nome de Escola Mista da Renânia, e em 1911 passa a se chamar Grupo Escolar D. Pedro II, por meio de um decreto público. O Colégio foi fundado em um terreno doada pela Princesa Isabel, que fez a exigência que o nome de seu pai, D. Pedro II estivesse presente, e o prédio escolar representa um referencial arquitetônico, no centro da cidade de Petrópolis e um lugar de memórias para muito petropolitanos.

Ao longo do século XX, o prédio além de ganhar um anexo, abrigou outras escolas públicas, como o Colégio Estadual Roberto Kennedy, que inicialmente funcionava no Colégio Estadual Cardoso Fontes e, assim que o anexo ao Grupo escolar fica pronto, foi transferido para o Centro da cidade, aumentando a oferta de ensino, pois, passou a possuir o Colégio Normal e o Curso Científico (Silveira Filho, 2011).

De acordo com Silveira Filho (2011, p. 12):

> No decorrer dos anos 70, todas as estruturas anexas ao então Grupo Escolar D. Pedro II, passaram a integrar uma só

> unidade por projeto do Governo do Estado, com a denominação que durante décadas perdurou na memória coletiva da sociedade petropolitana, o CENIP, Centro de Ensino Integrado de Petrópolis.

O Colégio D. Pedro II utilizou a sigla CENIP por um breve espaço de tempo, mas até os dias atuais, este é o nome pelo qual grande parte dos petropolitanos conhecem a Instituição de ensino, sendo este um espaço histórico que compõe a memória dos munícipes, assim como, de muitos moradores da região metropolitana do Rio de Janeiro, que passaram pela instituição ou conhecem o prédio como um importante ponto de referência arquitetônica na cidade.

O *olhar* e o *ouvir* como meios de compreensão na pesquisa

Em *O trabalho do antropólogo: Olhar, Ouvir e Escrever,* Oliveira (1996), discorre sobre as diferentes etapas de uma pesquisa de campo. Na primeira etapa da pesquisa, há inicialmente a necessidade de domesticação do *olhar* do pesquisador, transformando o modo como a realidade é vista e apreendida. O *olhar* para o objeto a ser estudado não é um mero olhar de curiosidade diante do que pode ser exótico, ou mesmo um olhar ingênuo: é um olhar sensibilizado pela teoria.

Esse *olhar* do pesquisador permite que ao chegar ao campo ele veja não apenas indivíduos, mas relações e práticas sociais. A domesticação teórica do olhar é realizada pelo esquema conceitual da disciplina – ou seja, pelo próprio itinerário acadêmico do pesquisador – que implica no modo de compreender a realidade. Este olhar teoricamente informado possibilita que o pesquisador crie esquemas prévios sobre o objeto a ser investigado e chegue ao campo com algumas informações e conceitos.

Entretanto, no processo de pesquisa de campo, o *olhar* não constitui um ato cognitivo totalmente independente do *ouvir* – que configura a segunda etapa da pesquisa. Com efeito, embora certas informações possam ser obtidas com a observação das relações e práticas sociais, para a compreensão dos sentidos e significados dessas relações e práticas para o grupo em questão será necessário o que Oliveira chama de um "ouvir especial":

> [...] a obtenção de explicações, dada pelos próprios membros da comunidade investigada, permitiria se chegar àquilo

> que os antropólogos chamam de "modelo nativo", matéria prima para o entendimento antropológico. Tais explicações nativas só poderiam ser obtidas por meio da "entrevista", portando um Ouvir todo especial. Mas para isso, há de se saber Ouvir (Oliveira, 1996, p. 19).

As entrevistas, na perspectiva de Oliveira (1996), são um momento do ouvir onde se busca penetrar, para compreender os "idiomas culturais" e não tomar o entrevistado como um mero "informante", sem que ocorra uma verdadeira interação. Se o pesquisador se relaciona com o entrevistado apenas como um "informante", a relação será verticalizada e, certamente, o entrevistador exercerá uma relação de poder sobre o outro. Para que haja um diálogo efetivo entre as partes é preciso que o "informante" se transforme em "interlocutor", o que muda a perspectiva da relação, transformando-a em um encontro, uma relação horizontalizada, de trocas, onde ambos são interlocutores:

> Trocando ideia e informações entre si, etnólogo e nativo, ambos igualmente guindados a interlocutores, abrem-se a um diálogo em tudo e por tudo superior, metodologicamente falando, à antiga relação pesquisador/informante. O ouvir ganha qualidade e altera a relação, qual estrada de mão única, numa outra, de mão dupla, portanto, uma verdadeira interação (Oliveira, 1996, p. 21).

Esta interação entre o pesquisador e seus interlocutores possibilita que se estabeleçam trocas significativas. Ao não assumir uma posição de neutralidade objetivista, o pesquisador passa a trocar ideias e informações com seus interlocutores, estabelecendo uma relação que ajudará na compreensão do "ponto de vista" do outro. Assim, o *olhar* e o *ouvir* – faculdades complementares na pesquisa de campo – permitem, como diz Oliveira (1996, p. 18), "caminhar, ainda que tropegamente, na estrada do conhecimento", possibilitando apreender as relações, discursos e práticas sociais do ponto de vista de grupo em questão (Oliveira, 1996).

Em *A miséria do mundo*, Bourdieu também reflete sobre as implicações da "entrevista" na produção dos dados de pesquisa. Como perceber e controlar, na condução das entrevistas, os efeitos que estas podem produzir nos interlocutores?

A relação de pesquisa é acima de tudo uma relação social que exerce efeitos variáveis, e pode efetuar algum tipo de violência simbólica do entrevistador sobre o entrevistado. É preciso que o pesquisador reconheça estas estruturas de dominação e poder, e busque amenizá-las de forma reflexiva e metódica, fazendo uso de seu arcabouço teórico afim de estabelecer troca de conhecimentos. Para Bourdieu (2012), todas as vezes que o pesquisador inicia o jogo da entrevista de maneira unilateral, sem que as regras sejam claras para o entrevistado, sem que os hábitos do pesquisado sejam considerados, o entrevistador se coloca em uma posição superior perante ao seu interlocutor, exercendo assim, a violência simbólica.

Para o autor é fundamental tentar reduzir ao máximo as consequências que essa espécie de intrusão pode causar, transformando a entrevista em uma relação de troca a partir do estabelecimento de uma comunicação "não violenta". A entrevista, para Bourdieu (2012), constitui uma escuta ativa e metódica – escuta que não significa uma não intervenção, mas uma disponibilidade total ao ouvir os entrevistados:

> Efetivamente, ela associa a disponibilidade total em relação à pessoa interrogada, a submissão à singularidade de sua história particular, que pode conduzir, por uma espécie de mimetismo mais ou menos controlado, a adotar sua linguagem e a entrar em seus pontos de vistas, em seus sentimentos, em seus pensamentos, com a construção metódica, forte, do conhecimento das condições objetivas, comuns a toda uma categoria (Bourdieu, 2012, p. 695).

Este processo de escuta ativa e metódica implica em estabelecer relações mais próximas possíveis, no qual o entrevistador não se coloque em uma postura de superioridade sobre o entrevistado, a linguagem utilizada estimule a colaboração e as relações estabelecidas neste processo de troca sejam pensadas, inclusive, considerando quem serão os entrevistadores e entrevistados. Para Bourdieu é importante buscar estabelecer alguma forma de proximidade social entre o pesquisador e seus interlocutores – como pessoas conhecidas, pessoas de uma mesma profissão ou uma familiaridade – visando à instituição de uma comunicação não violenta. Essa relação de proximidade tende a diminuir a distância social, permitindo que o entrevistado fale de forma franca e o pesquisador consiga estabelecer uma troca que permita compreender o ponto de vista de seu interlocutor, propiciando ao pesquisado se revelar de maneira mais completa possível.

Tais trocas podem proporcionar uma objetivação da subjetividade, ou seja, "quando o interrogador objetiva o interrogado, e acaba por objetivar a si mesmo, levando a um coletivo impessoal e depois ao nós" (Bourdieu, 2012, p. 698).

O campo de pesquisa foi concebido levando em consideração a pandemia da Covid-19, assim, alguns procedimentos precisaram ser pensados com vistas a atender às necessidades impostas pela situação. As aulas presenciais foram suspensas em março de 2020, muitas dificuldades foram impostas aos alunos de todas as redes, mas principalmente aos das classes populares, sem acesso à internet, ou com acesso muito limitado. Houve uma grande dificuldade por parte dos docentes em reorganizarem suas estratégias de ensino e a preparação de material, e muitos jovens ao longo deste processo acabaram por evadir, ou reduzir drasticamente sua interação com o colégio.

Diante dos fatos expostos anteriormente, os rumos da pesquisa foram ajustados, para a realização de uma observação participante, que segundo Oliveira (1996), permite que o pesquisador assuma um papel digerível pela sociedade observada o que viabiliza uma aceitação pelos membros da comunidade, facilitando o trabalho preliminar do pesquisador. Esse olhar inicial para o Colégio ocorreu por meio de alguns levantamentos, como uma análise dos resultados do ano de 2021, para posterior busca por alunos com bom aproveitamento.

O olhar sensibilizado pela teoria, possibilitou compreender onde estão os alunos negros do colégio, se estão distribuídos de forma proporcional entre os cursos, quais são os cursos que mais os recebem e, onde este grupo alcança maior rendimento escolar. Após realizar o levantamento dos dados preliminares, foi necessário encontrar estes estudantes e estabelecer um diálogo com eles e seus professores. Este olhar permitiu que as peculiaridades das alunas negras e negros, nos 3(três) cursos observados, fossem apreendidas.

Ademais, a análise dos dados materiais, como estatísticas e avaliações, possibilitou captar a exterioridade do grupo, exterioridades estas, que foram significativas e, se tornaram categorias para análise dos dados construídos junto aos interlocutores, a relação com o ingresso em cada curso, assim como o capital cultural para se manterem em suas escolhas e obter sucesso escolar.

O olhar para o campo permitiu ver os seres sociais, membros de um grupo, jovens estudantes da escola pública, mas, também, as singularidades dos indivíduos dentro dos subgrupos que os cursos formam, e as particularidades das relações sociais que a pesquisa buscou conhecer em profundidade, por meio do olhar e do ouvir. A observação do campo permitiu ainda, que ao entrar no espaço da pesquisa, fossem observadas as diferenças no comportamento dos jovens pertencentes a grupos sociais variados, como os jovens das classes populares, os das camadas médias, ou ainda, diferenças estabelecidas entre os cursos que frequentam.

De acordo com Daryell e Jesus (2016), os jovens pertencem a grupos que compartilham de uma mesma definição de realidade, mas que a interpretam com diferentes equipamentos simbólicos e sociais. Dessa forma, pode haver uma aparência de homogeneidade, que não se traduz como real, pois, há uma diversidade cultural e uma mesma linguagem as quais podem expressar múltiplas falas.

O ouvir, foi realizado por meio de entrevistas com os interlocutores selecionados nas etapas anteriores. Para a realização das interações com estes interlocutores, empreendi uma escuta ativa e metódica, conceito de Bourdieu (2012), já apresentado anteriormente. Tal escuta visa minimizar os efeitos da violência simbólica que pode ser exercida por meio destas interações.

Em Bourdieu (2012, p. 695), é possível compreender como as entrevistas e interações podem se assemelhar a "intrusões" e ao exercício da violência simbólica:

> Tentar saber o que se faz quando se inicia uma relação de entrevista é em primeiro lugar tentar conhecer os efeitos que se podem produzir sem o saber por (especialmente pela maneira de se apresentar a pesquisa, pelos estímulos dados ou recusados, etc) é tentar esclarecer o sentido que o pesquisado se faz da situação, da pesquisa em geral, da relação particular na qual ela se estabelece, dos fins que ela busca e explicar as razões que o levam a aceitar de participar da troca.

Foi necessário, ao iniciar as entrevistas buscar estabelecer aproximações com os entrevistados, mas sem que estas criem distorções ou censura. A linguagem utilizada e as perguntas elaboradas, possibilitaram que os interlocutores pudessem se apropriar das perguntas, reelaborar e se sentirem sujeitos da pesquisa e, não meros informantes.

Em *O poder simbólico* (1989), Bourdieu faz alusão a dificuldade em construir objetos de pesquisa que fujam do óbvio, e que sejam elaborados de forma coletiva, como pode ser notado a seguir:

> Os objetos comuns da pesquisa são realidades que atraem a atenção do investigador por serem "realidades que se tornam notadas" por assim dizer, ao porém problemas- por exemplo, "as mães solteiras no gueto negro de Chicago". E, frequentemente, os investigadores tomam como objeto os problemas relativos a população mais ou menos arbitrariamente delimitadas, obtidas por divisões sucessivas de uma categoria ela própria pré- construída, " os velhos", " os jovens", " os imigrantes", etc.: como por exemplo " os jovens do subúrbio de Villeurbanne" (A primeira urgência, em todos estes casos, seria tomar para objeto o trabalho social de construção do objeto pré- construído: e aí que está o verdadeiro ponto de ruptura) (Bourdieu, 1989, p. 29).

No campo de pesquisa, a tentação de sucumbir aos objetos pré--definidos, e, considerar que a "realidade" pré-concebida dos estudantes negros de classe popular é a vulnerabilidade social e o fracasso escolar, é grande. Foi necessário buscar por meio da reflexividade, e pela ruptura do senso comum acadêmico, maneiras de compreender as trajetórias sociais dos jovens negras e negros, que são diversas, pois estes se encontram inseridos em realidades complexas e variadas.

As observações foram realizadas com o olhar informado e sensibilizado pela teoria. Olhar que foi capaz de perceber, os meandros das relações que se estabelecem no espaço escolar, que são atravessadas pela raça, classe e gênero. Ouvir e compreender o que está sendo dito nas conversas, mas principalmente nos ritos próprios da adolescência – o que foi fundamental para construção dos dados da pesquisa, pois os jovens, em seus grupos, têm uma maneira de se expressar, com uma linguagem própria, elaborada dentro de um sistema social e dinâmico. Estes estudantes são sujeitos socioculturais, possuem uma historicidade e uma visão de mundo, construída a partir das estruturas sociais as quais eles pertencem, um *habitus* constituído por sua raça, classe e gênero.

As vivências da juventude das classes populares são duras e difíceis, principalmente se considerarmos a realidade de jovens negros, que enfrentam a pobreza, busca por emprego e subsistência, aliado a estes fatores – o racismo estrutural. E, a escola, para muitos destes jovens negros, representa uma oportunidade de melhoria nas condições de vida.

De acordo com dados do Unicef (2018), a discriminação racial/ racismo estrutural, é uma das principais barreiras enfrentadas por jovens negros para conseguirem acesso à educação. A maioria dos excluídos da escola são negros. E as taxas de abandono entre pretos e pardos chegam a ser o dobro de jovens brancos. Mais de 453 mil negros abandonaram as escolas estaduais de todo país, enquanto o número de jovens brancos foi em média de 181 mil. Os estudantes reprovados entre pretos e pardos também é duas vezes maior, chegando no ano de 2018 a 1,2 milhão de reprovados.

Os dados do Unicef apresentados anteriormente, deixam claro que o Brasil é um país com um expressivo contingente de negras e negros, com uma desigualdade social entre estes grupos bastante significativa; essa diferença social se reflete também nas instituições escolares, que são espelhos dos discursos e práticas de preconceito racial.

De acordo com o estudo realizado por Silva (2009), com vistas a compreender a trajetória escolar de crianças negras, no cotidiano de uma turma de 1º ano do Ensino fundamental, fica explicitado o ciclo o qual crianças negras são submetidas nas escolas:

> Meninos e meninas negras que chegam à escola com suas vidas e histórias já marcadas por processos de silenciamento, homogeneização e exclusão. Crianças em desvantagem econômica são criadas pela sociedade para falhar já em tenra idade, destinadas a perpetuar o odioso ciclo sem fim da pobreza criada por uma cultura obcecada com sucesso e riqueza (Silva, 2009, p. 127).

O sucesso/fracasso escolar caminham juntos: os estudos sobre o fracasso escolar surgiram baseados no sucesso que não se consegue alcançar, o caminho percorrido para desvelar ambos apresenta similaridades. Segundo Arroyo (1997), o sistema de ensino, enquanto estrutura organizada, burocratizada, não é o palco onde acontecem apenas os processos pedagógicos, mas uma estrutura que pode ser considerada como produtora de fracasso e sucesso. As pesquisas sobre sucesso escolar nas camadas populares, contrastam com o que é esperado deste estrato social, que recebe uma série de rótulos e são responsabilizados pelo próprio insucesso, que ainda, na atualidade, são relacionados aos aspectos patológicos, determinismos orgânicos, situações socioeconômicas e culturais.

Isto posto, foi necessário compreender como diante de todas estas situações de desconstrução cultural, preconceito alguns estudantes conseguem obter sucesso acadêmico, seja por adaptação às regras escolares, por resistir as estas regras e etnocentrismo dos conteúdos e atitudes de professores e dirigentes da educação, seja por conseguir conquistar capital social que os ajuda a obter êxito.

A escola pode assumir um papel importante no estabelecimento de relações que contribuem para bons resultados de crianças negras e, talvez, possa se tornar um grupo fundamental neste processo. As práticas adotadas por instituições que apresentam estudantes negras e negros com bom rendimento escolar, pode se constituir como uma rede de relações ou capital social.

Para Bourdieu (2007, p. 67), o capital social pode ser compreendido como uma rede de relações constituída em um grupo, como é possível observar no trecho em destaque:

> O capital social é um conjunto de recursos atuais ou potenciais que estão ligados à posse de uma rede durável de relações mais ou menos institucionalizadas de interconhecimento e de inter – reconhecimento ou, em outros termos, à vinculação a um grupo, como conjunto de agentes que não somente são dotados de propriedades comuns (passíveis de serem percebidas pelo observador, pelos outros ou por eles mesmos), mas também são unidos por ligações permanentes e úteis.

Ainda considerando o conceito de Bourdieu (2007), sobre capital social, é possível inferir que a constituição do capital social está relacionada a rede de relações que cada indivíduo é capaz de criar, ao capital cultural, econômico e simbólico. Estas relações demandam um esforço para a manutenção para que estas relações sejam duráveis e úteis, ainda que elas não se estabeleçam de forma consciente.

Estabelecendo um paralelo com a realidade escolar e, considerando a situação de jovens negros, seria possível pensar nessa rede de relações ou capital social como professores ou outros membros da equipe escolar, assim como relações construídas fora deste espaço, com que estes jovens, que de alguma forma, estabelecem vínculos, pessoas que passam a enxergá-las de modo diferente, haja visto o fato de não possuírem capital econômico ou capital cultural em seu estado incorporado. E, neste contexto, é possível situar o capital social, considerando o conceito de Bourdieu (2007), observando algumas das particularidades citadas no seguinte trecho:

> [Em outras palavras, a rede de ligações é o produto de estratégias de investimento social consciente ou inconscientes orientadas para a instituição ou a reprodução de relações sociais diretamente utilizáveis, a curto ou longo prazo, isto é, orientadas para a transformação de relações contingentes, como as relações vizinhança, de trabalho ou mesmo de parentesco, em relações, ao mesmo tempo, necessárias e eletivas, que implicam obrigações duráveis subjetivamente sentidas (sentimentos de reconhecimento, de respeito, de amizade, etc.) ou institucionalmente garantidas (direitos) (p. 68).

Diante do exposto, a hipótese é que seria plausível considerar a escola, a igreja, as relações travadas nos movimentos sociais, como capital social, e que talvez estas sejam capazes de impulsionar o sucesso escolar destes estudantes. É possível pensar na escola ou de forma mais específica em professores, que por razões diversas se identificam com os jovens negras, como empatia, bom comportamento de alguns alunos, ou talvez porque alguns destes são negros, o que levaria a uma identificação e promoção de mais oportunidades educativas.

É importante salientar que as pesquisas empreendidas por Bourdieu não tinham como objetivo discutir relações raciais. Ao realizar o estudo inicial foi perceptível que a participação e cobrança das famílias das crianças nos anos iniciais da vida escolar dos filhos, faz com que os professores se interessem mais por estas, ofertando assim mais oportunidades educativas, o que faz com que estas obtenham melhores resultados escolares, levando a inferir que, de algum modo, estes professores poderiam ser considerados capital social.

CAPÍTULO I

DESCREVENDO O CAMPO: CONHECENDO AS PARTICULARIDADES DO COLÉGIO

A escola como lugar instituinte de práticas solidárias é também espaço de resistência, o trabalho com a memória reinventa a escola como lugar de criação de utopias, de resgate da história local e de memórias compartilhadas; memórias afetivas trabalhadas no tempo sobre o tempo – rememorações – lembranças e reflexões que possibilitam a compreensão do agora a partir do outrora.

(Carmen Lúcia Vidal Pérez)

Inicio o capítulo apresentando a importância histórica do Colégio Estadual Dom Pedro II e situando organizacional e administrativamente a instituição, que é considerada um importante referencial arquitetônico, e da memória, da cidade de Petrópolis/RJ. O colégio está situado no centro histórico da cidade desde sua fundação, no ano de 1922.

Considerado como parte relevante na história local, o prédio escolar desperta o interesse dos visitantes da cidade; afinal, trata-se de uma escola completou 100 anos de existência, que fez e faz parte do processo formativo de muitos petropolitanos e moradores das cidades vizinhas, como Duque de Caxias e Magé. Dessa forma, o colégio representa uma parte fundamental na história da educação fluminense.

Em Silveira Filho (2011), é possível constatar que resgatar a memória do colégio é um problema para a comunidade escolar, e da própria cidade, já que os dados e material encontram-se dispersos. Na década de 1970, o diretor Professor Mário de Oliveira criou um pequeno museu do "Grupo Escolar", com vistas a preservar a memória do colégio e contribuir para que a história da própria cidade pudesse ser contata, reunindo uniformes antigos, fotos, documentos e galeria de fotos e pequenas biografias dos ex-diretores. No entanto, transcorridos alguns anos da criação do espaço, os gestores que passaram a ocupar o cargo desmantelaram o pequeno museu, com a finalidade de aumentar o espaço físico para outras atividades. O acervo não foi guardado de maneira adequada e se perdeu com o tempo.

A instituição, que iniciou suas atividades como "grupo escolar", já ofertou todo ciclo formativo que hoje é denominado educação básica[5] e, ao longo de sua história, alguns cursos técnicos que formaram profissionais de diversas áreas na cidade, como o Técnico em secretariado, Técnico em serviços bancários, Curso de formação de professores com especialização subsequente para a educação infantil. Estes cursos foram descontinuados no final da década de 1990, período em que a Instituição ofertava apenas o curso subsequente de Química.

Atualmente, o colégio atende apenas ao ensino médio nas modalidades: regular, técnicos e EJA – Educação de Jovens e Adultos, estando com 2055 alunos matriculados, distribuídos em 62 turmas, nos turnos diurno e noturno. O colégio está estruturado administrativamente com 1 diretora geral mulher branca, 3 diretores adjuntos (1 homem negro, 1 homem branco e 1 mulher branca), 2 orientadoras pedagógicas, ambas brancas, 2 orientadoras educacionais uma parda e outra branca e 1 secretária escolar, mulher branca, que conta com apenas 1 auxiliar de secretaria, homem branco. No ano de 2022 a instituição contava com 11 funcionários entre inspetores de disciplina, merendeiras e porteiros.

Os alunos interlocutores da pesquisa serão os do ensino médio regular, ofertado em período parcial; Técnico em Química, ofertado de forma concomitante;[6] e curso Técnico Integrado de Produção de Áudio e Vídeo. A EJA não será incluída no escopo da pesquisa, por conter muitas peculiaridades merecedoras de um estudo específico.

Inicialmente será apresentado o curso de Áudio e Vídeo, que foi concebido com base nas demandas da cidade. Grande parte da receita do município de Petrópolis é oriunda do turismo e do polo de modas, que engloba as confecções e as lojas de roupas da Rua Teresa, e na atualidade, no Bairro do Bingen. A cidade conta com alguns veículos de comunicação – como produtoras, emissoras de rádio e TV. Dessa forma, com a finalidade

[5] O sistema educativo brasileiro é composto por educação básica e ensino superior. A educação básica, a partir da LDB 9394/1996, passou a ser estruturada por etapas e modalidades de ensino, englobando a educação infantil, ensino fundamental e ensino médio.

[6] Os Cursos Técnicos podem ser desenvolvidos de forma articulada com o Ensino Médio ou serem subsequentes a ele. A forma articulada pode ocorrer **integrada** com o Ensino Médio, para aqueles estudantes que concluíram o ensino fundamental, ou **concomitante** a ele, para estudantes que irão iniciar ou estejam cursando o ensino médio. A oferta pode ser tanto na mesma escola quanto em instituições de ensino distintas.

de ampliar as oportunidades de trabalho e a capacidade de absorção da mão de obra jovem da cidade, surge o curso de áudio e vídeo do Colégio D. Pedro II.

A proposta do Ensino Médio Integrado, EMI de áudio e vídeo, está estruturada em 3 eixos – ciência, cultura e trabalho, sendo estes os princípios norteadores da proposta curricular: 1) Sinergia na educação para, com e pelos meios; 2) Conhecimento em rede; 3) Convergência de diferentes linguagens, tecnologias e ações; 4) Aprender fazendo; 5) Convergência de diferentes linguagens, tecnologias e ações; 6) Pluralidade cultural e ética; 7) Dialogicidade e trabalho coletivo[7].

O curso apresenta algumas particularidades merecedoras de destaque. O corpo docente está organizado como um colegiado, com vistas a proporcionar uma discussão ampla que englobe também o corpo discente. Os discentes estão organizados em um conselho, que é composto por representantes de todas as turmas do curso, de forma a garantir que as decisões sejam tomadas de maneira democrática, como é possível notar no trecho da proposta pedagógica, destacado a seguir:

> Dessa forma, a coordenação do curso se dará por uma **GESTÃO COMPARTILHADA**, em que todos os professores assumem, para além da função docente, atribuições acadêmico-administrativas: como pesquisas, planejamento integrado, procedimentos de secretaria, produção de portifólio, relações institucionais e coordenação de eventos, para as quais recebem uma Gratificação de Encargos Especiais (Proposta Pedagógica, 2019, p. 22, grifo nosso).

Compreender os meandros da organização do curso, por meio de sua proposta, possibilita não apenas alcançar a concepção de educação dos profissionais envolvidos em sua formulação, como também sobre como estes docentes enxergam as juventudes das classes populares, que integram o curso de produção de áudio e vídeo.

Como alude Arroyo (2014), ao pensar os jovens e o direito de "se saberem", o currículo pode ser um elemento articulador de saberes construídos coletivamente, discutidos e oriundos dos seres sociais que compõe o espaço escolar. O conhecimento é dinâmico e professores e alunos fazem parte do processo – e todas as experiências sociais são produtoras de conhecimento. Segundo o autor, as formas de incorporar saberes,

[7] Fonte: Proposta pedagógica do curso Técnico Integrado ao Ensino Médio de áudio e vídeo.

experiências culturais e formas de compreensão do mundo dos jovens têm sido diversas; dessa forma, pensando a proposta pedagógica analisada, o modo de organização do curso, os meios para tomada de decisões coletivas, bem como a organização curricular, leva a inferir que o objetivo precípuo é enriquecer e contextualizar os conhecimentos e colocá-los de forma horizontal, de maneira que os jovens estudantes possam se sentir sujeitos atuantes e não meros expectadores de conteúdos produzidos por outros, apenas recebendo e acumulando informações.

No trecho em destaque é possível compreender, de maneira mais objetiva, o que Arroyo (2014) considera como contextualizar os saberes:

> O direito a se entender nas relações de classe nos padrões de poder, de trabalho, de apropriação-expropriação da terra, do solo, da renda pública. Entender-se nessas relações políticas e nesses padrões como sem-trabalho, sem-escola, sem-universidade, sem-renda, sem-moradia, sem-terra. Se não tiveram acesso a esses conhecimentos no Ensino Fundamental, ao chegarem ao Ensino Médio, esperam que lhes seja garantido esse direito a se saber nessa história social, econômica, política (p. 161).

Todo este processo pode propiciar reflexões e um caminho de autoconhecimento das relações, dos espaços que frequentam, das questões raciais a que estão submetidos e de como são pensados pela escola, que acaba por desconsiderar a diversidade de formas de ser jovem e de viver a juventude.

O curso Técnico em Química é ofertado com uma estrutura anual. As disciplinas técnicas são ofertadas justapostas às disciplinas do ensino médio regular, e o curso não apresenta um projeto específico, como o E. Médio de Áudio e Vídeo, seguindo as diretrizes curriculares propostas pela Secretaria de Estado de Educação- Seeduc/RJ, que aponta como objetivos do curso:

> O curso tem por objetivo a formação de técnicos em química capazes de atuar no planejamento, coordenação, operação e controle dos processos industriais e equipamentos nos processos produtivos. O técnico em química planeja e coordena os processos laboratoriais. Realiza amostragens, análises químicas, físico-químicas e microbiológicas. Realiza vendas e assistência técnica na aplicação de equipamentos e produtos químicos. Participa no desenvolvimento de pro-

> dutos e validação de métodos. Atua com responsabilidade ambiental e em conformidade com as normas técnicas, as normas de qualidade e de boas práticas de manufatura e de segurança (SEEDUC/RJ 2022).

De modo distinto ao curso de Áudio e Vídeo, a coordenação e professores do curso de Química seguem os pressupostos teóricos metodológicos preconizados pela Secretaria de Estado de Educação do Rio de Janeiro e as ementas das disciplinas.

1.1 O campo de pesquisa e o encontro com os interlocutores

O ingresso no campo de pesquisa envolve múltiplos fatores, como autorizações de órgãos públicos, processos e uma quantidade expressiva de documentos. Incialmente houve entraves burocráticos impostos pela diretoria pedagógica da Regional Serrana I, que antes mesmo da autuação do processo informou que a autorização para entrada no campo demoraria muito, o que fez com que novas estratégias fossem pensadas – como a troca do colégio para a realização da pesquisa. Contudo, felizmente, a demora anunciada incialmente pelos funcionários da Regional Serrana I não se concretizou e a autorização para a realização da pesquisa foi concedida no início do mês de fevereiro de 2022.

Com a autorização dei início aos procedimentos de pesquisa e pude, finalmente, entrar oficialmente no colégio como pesquisadora. Fui apresentada à diretora geral, cargo que é ocupado por uma mulher branca de meia idade, que trabalha em uma sala ampla, que ocupa sozinha. Os diretores adjuntos, 1 homem branco, 1 homem negro e 1 mulher branca, compartilham o espaço em um salão, com estações de trabalho para cada um. Todas as ações executadas, sejam administrativas, pedagógicas ou autorizações, precisam ser comunicadas à diretora geral para deferimento. A maneira como o espaço está organizado demonstra que as relações sociais se estabelecem de forma pouco horizontal: há uma clara relação de poder centralizado na diretora geral.

Em Bourdieu (1989, p. 9), é possível compreender como o poder simbólico exercido pela diretora geral se estrutura:

> É enquanto instrumentos estruturados e estruturantes de comunicação e de conhecimento que os "sistemas simbólicos" cumprem a sua função política de instrumentos de imposição ou de legitimação da dominação, que contribuem

> para assegurar a dominação de uma classe sobre a outra (violência simbólica), dando reforço da sua própria força às relações de força que as fundamentam e contribuindo assim segundo a expressão de Weber, para a domesticação dos dominados.

A organização dos espaços, a falta de autonomia dos membros da equipe gestora demonstram como está estruturado o "poder simbólico", exercido pela diretora geral. Nas conversas e observações realizadas durante o trabalho de campo, foi possível perceber que há uma necessidade em demonstrar domínio sobre todas as situações que ocorrem, inclusive as questões pedagógicas. Dado que pôde ser observado quando a diretora geral informou que não houve reprovações no ano de 2021, que a aprovação foi automática e todos tiveram a mesma média final nas notas. Ocorre que as alunas e os alunos que estavam participando das atividades de forma remota, que no momento do retorno presencial mantiveram a constância na entrega de trabalhos avaliativos e frequentaram as aulas presenciais tiveram suas notas atribuídas nas disciplinas, sendo promovidos ao término do ano letivo, com resultados equivalentes a participação que tiveram. A diretora neste momento teve a intenção de demonstrar ter total conhecimento das questões pedagógicas, e de que maneira ocorreu o encerramento do ano letivo de 2021, no entanto, a informação foi equivocada.

Este levantamento de dados preliminares foi realizado por meio da verificação da ata de resultados finais[8] das turmas da segunda série do ensino médio regular, Técnico em química e Técnico em Áudio e vídeo do ano de 2021, ano em que as atividades presenciais dos colégios da rede estadual foram retomadas de forma muito tímida em razão da pandemia da Covid-19. Este documento possibilitou construir alguns dados relevantes para a busca pelos alunos – meus interlocutores de pesquisa – que irão compor o estudo.

Foram verificadas 15 turmas dos cursos diurnos, totalizando 421 alunos. Destes, 89 apresentaram rendimento acima de 32 pontos anuais, o que configura um "bom" rendimento, já que na rede estadual os resultados são mensurados em pontos e o total dos 4 bimestres pode chegar ao máximo de 40. Um dado bastante significativo é que os alunos com "bom" rendimento são em sua grande maioria meninas, 63 no somató-

[8] Documento elaborado ao término do ano letivo onde constam os resultados de todos os alunos matriculados no Colégio.

rio de todas as turmas, e apenas 26 são meninos. Dado este já apontado em muitos estudos realizados sobre fracasso e sucesso escolar, como os realizados por Patto (2015) e Carvalho (2004, 2012 e 2020).

Segundo Carvalho (2004), há diferenças na escolarização de homens e mulheres, mas se considerarmos as variáveis "cor" e "raça" encontramos uma quantidade maior de problemas entre os alunos negros do sexo masculino, já que estes possuem trajetórias mais acidentadas, com evasão e retorno à escola, reprovações, maior incidência de distorção idade/série, seguidos por alunas negras, alunos brancos e, por último, alunas brancas.

Nessa primeira etapa da pesquisa, a análise documental não possibilitou conhecer a identidade racial dos alunos, ou se há uma paridade racial entre pretos, pardos e brancos quanto ao desempenho escolar. No entanto, foi possível notar que os estudantes das turmas da manhã e do Curso de Química apresentam um desempenho superior aos das turmas da tarde e aos do curso de Áudio e Vídeo.

A coordenadora pedagógica, que se mostrou muito disponível em participar da pesquisa e fornecer todas as informações solicitadas, apontou que antes as turmas eram organizadas de acordo com o rendimento dos alunos. Dessa forma, os melhores alunos eram alocados no primeiro turno, e os com rendimentos mais baixo a tarde. De acordo com a orientadora, atualmente a alocação dos alunos nas turmas é feita pelo sistema de forma aleatória; no entanto, ao verificar as atas ficou claro que essa organização não está sendo feita com base apenas nos dados do sistema Conexão Educação, já que as turmas do primeiro turno permanecem com rendimentos acima das turmas do segundo turno. Este dado demonstra que há divergências entre o que apontam os agentes e o que de fato acorre em algumas situações.

Em conversa informal com um dos funcionários da secretaria escolar fui informada que os alunos e seus responsáveis, ao se matricularem no Colégio, não preenchem a autodeclaração racial – e não há fotos entre os documentos. Esse dado impôs uma reformulação na minha estratégia de pesquisa, pois acreditei ser possível, por meio dos documentos, obter as informações raciais dos estudantes. O percurso inicial para a construção dos dados consistia em fazer um levantamento por meio das atas de resultados finais das turmas do 2º ano de 2021, já que estes em 2022 seriam os concluintes da 3ª série; após este levantamento dos alunos com os melhores resultados, seria feita uma verificação na documentação de matrícula dos estudantes, com a finalidade de saber qual a raça/cor dos alunos com bons resultados. No entanto, a grande maioria dos alunos dos cursos diurnos não declaram sua raça/cor.

Diante do exposto, fui perguntar à coordenadora pedagógica se existia algum documento no sistema de gestão acadêmica, Conexão Educação, que pudesse apontar mais informações sobre os alunos. A resposta foi positiva e a coordenadora disponibilizou uma planilha com as informações sobre todos os alunos com matrícula efetiva no Colégio. Ao realizar a busca nominal foi possível saber que dos 89 alunos selecionados previamente, apenas 2 tinham informado a cor; porém, nesta planilha havia os endereços de e-mail e número do celular de todos os alunos. Com estas informações decidi criar um formulário com o título "Juventude e Ensino médio", para que seu objetivo – descobrir a raça/cor dos alunos – fosse visto como mais uma das questões dentre outras relativas, por exemplo, a informações socioeconômicas. O questionário foi elaborado com perguntas curtas e objetivas, como nome, turma, idade, local de residência, se é beneficiário de algum programa social e se o estudante trabalha. Pensei que as questões poderiam contribuir na construção dos dados preliminares sobre meus interlocutores de pesquisa, pois possibilitariam obter informações para a construção do perfil socioeconômico e étnico racial do grupo.

O formulário foi criado no Google Forms e o link enviado aos alunos pelo endereço de e-mail cadastrado no ato da matrícula. Dos 89 formulários enviados, contudo, apenas 1 aluna respondeu. Diante do fracasso desta tentativa, optei por criar uma lista de transmissão pelo WhatsApp, cadastrar os números de todos os selecionados e enviar o documento. Após toda organização e envio, descobri que a lista de transmissão só funciona se os alunos tivessem meu contato salvo. Estas estratégias frustradas foram substituídas por um questionário impresso entregue aos alunos de todas as turmas das 3ª séries dos cursos diurnos.

A implementação dessa nova estratégia foi possibilitada através de meu encontro com uma das Orientadoras Educacionais (OE), a quem chamarei de Sandra, que facultou meu contato inicial com os alunos. Ela falou sobre as ações desenvolvidas pela equipe e as atividades que vem realizando com os alunos, pois ela também ministra uma disciplina chamada "Projeto de vida", na qual são realizados debates sobre temas variados. No momento da nossa conversa, a temática abordada era feminismo e feminismo negro. As discussões foram fomentadas por meio da apresentação do filme "Histórias Cruzadas[9]", com o objetivo de "*dar voz a histórias e trajetórias de pessoas anônimas*" (sic.), de acordo com a fala da professora e orientadora. Para a finalização desta primeira etapa da disciplina, Samanta acordou com os alunos das turmas do 3º ano do curso de Áudio e Vídeo que eles gravariam vídeos curtos para apresentar histórias interessantes e surpreendentes de pessoas anônimas para toda a turma. Perguntei a Sandra se seria possível que eu participasse da atividade como forma de me aproximar dos alunos das turmas da 3ª série em que ela leciona e obtive uma resposta positiva sobre minha participação na apresentação das turmas.

Porém, é importante informar que em meio ao desenvolvimento da pesquisa a cidade de Petrópolis foi acometida por uma tragédia no dia 15 de fevereiro de 2022 – fato este que não é possível deixar de mencionar, pois alterou não apenas os rumos iniciais da pesquisa, mas toda a vida da cidade. Muitas vidas foram ceifadas, a mobilidade da cidade foi afetada e as aulas em todas as escolas interrompidas por 3 semanas. Neste período não havia condições para que nada fosse continuado; alunos, professores e funcionários foram atingidos pela tempestade que provocou inundações e diversos deslizamentos de encostas. Diante do clima de tristeza e luto coletivo, foi bastante difícil retomar as atividades de pesquisa.

No dia 07 de março as aulas presenciais foram retomadas em muitas escolas da cidade, menos nas que estavam sendo utilizadas como abrigos ou, como no caso do Colégio D. Pedro II, que serviu de base operacional para o governo do estado e para o executivo municipal. As aulas retornaram apenas no dia 09 de março, em meio a uma cidade destruída material e emocionalmente.

Retomei as atividades de pesquisa nos dias subsequentes ao retorno oficial, com uma conversa com Sandra, que informou sobre os inúmeros atendimentos que estava realizando junto aos alunos, que sofriam com crises de ansiedade e pânico, por medo de que todo aquele horror pudesse se repetir. Sandra informou ainda que não houve um trabalho sistematizado para acolher estes alunos. Perguntei sobre como eram as demandas anteriores à tragédia; me foi dito, então, que os casos de transtornos de ansiedade eram pontuais e que eram mais os casos de *bullying* que eram atendidos, assim como questões relacionadas a provas e atividades em

[9] Filme de 2011, Diretor: Tate Taylor.

geral. Questionei se surgiam, nestes atendimentos, casos relacionados ao racismo e fui informada de que "muito poucos", já que, segundo a perspectiva de Sandra, na maioria das vezes os próprios agredidos não percebem se tratar de racismo e em alguns casos a questão é confundida com *bullying*. Ainda de acordo com a percepção da orientadora pedagógica, os debates raciais, quando se apresentam, são isolados, e pelo que é observado pela profissional, as turmas são formadas por grupos bem heterogêneos, com proporcionalidade entre brancos e negros, havendo turmas em que a maioria são de pardos e pretos.

Sandra compartilhou suas observações sobre as turmas em que leciona: de seu ponto de vista, os alunos pretos são mais "retraídos" e poucos se posicionam nos debates promovidos em aula. Em sua ótica, as meninas brancas são as que mais se posicionam, as alunas negras se organizam em grupos e pouco se colocam nas discussões. Esta narrativa leva a alguns questionamentos: Será que estas alunas se sentem intimidadas pelas alunas brancas, que geralmente se colocam mais? Como estes alunos pretos compreendem a escola em sua trajetória? Será que as atitudes de alguns professores contribuem para esta retração e isolamento?

É claro que não podemos tomar estes comportamentos como universais dentro do Colégio, pois este relato refere-se às turmas onde a OE leciona, sendo esta sua percepção sobre os alunos negros. Dessa forma, diante do que foi pontuado por Sandra, optei por após as análises dos questionários, conversar apenas com grupos de estudantes negros das turmas da 3ª série, para que estes não se sentissem "retraídos" diante dos alunos brancos.

1.2 Olhar o colégio e suas muitas camadas

Dando prosseguimento à descrição densa do campo de pesquisa e ao olhar sensibilizado pela teoria – o qual, de acordo com Oliveira (1996), permite olhar para o objeto não com curiosidade ou ingenuidade, mas com um olhar que possibilite captar a exterioridade – começo a descrição com as observações empreendidas sobre as estruturas físicas, nas incursões pelos prédios do Colégio. Sim, dos prédios, pois há um prédio "antigo" e um prédio "novo".

O prédio antigo e histórico possui escadas de madeira, salas amplas, com o pé direito bem alto, e janelas grandes que deixam as salas bem ventiladas. Este prédio possui um grande salão no segundo andar, conhecido como "Apoteose". Atualmente parece que o espaço não possui uma finalidade específica. Neste piso há o laboratório de áudio e vídeo; todas as turmas do curso de Áudio e Vídeo estão neste prédio no 1º andar. No térreo há várias salas de aula onde funcionam o ensino médio regular.

Toda a parte administrativa da escola fica localizada nesse prédio histórico. No térreo há um auditório, um laboratório de informática, secretaria, sala do arquivo (que é um espaço muito grande, pois como dito anteriormente, o arquivo abriga 3 colégios extintos), a sala da orientação educacional, um depósito, um salão com um piano, onde os diretores adjuntos estão alojados, e a sala da direção. Esses espaços estão alocados no térreo com a finalidade de que haja acessibilidade para alunos com dificuldade de locomoção, permanente ou temporária, e para outras pessoas que necessitem acessar a parte administrativa da escola.

Já o prédio "novo", como é chamado e conhecido por toda a comunidade escolar, possui uma arquitetura dura, sem curvas e toques rebuscados. Esse prédio possui 3 andares. No térreo fica a biblioteca, a cantina, a sala do Grêmio escolar, o refeitório e banheiros. No 1º andar há salas de aula, sala da coordenação pedagógica, sala dos professores e um balcão para os inspetores de disciplina e banheiros, feminino e masculino, um em cada extremidade do andar. No 2º andar fica localizada a coordenação do curso de Química, salas de aula e o laboratório de Química; a disposição das salas e banheiros é a mesma do 1º andar. Por fim, no 3º andar há uma quadra poliesportiva, com vestiários e bebedouros.

Há no pátio do Colégio uma marcação de quadra e o espaço acaba sendo utilizado para as atividades de Educação física e de lazer pelos alunos. A frente do prédio histórico possui um jardim que atualmente não é utilizado e acaba por servir de estacionamento para os carros dos professores e funcionários. Os fundos do prédio novo dão para uma praça que recebe o nome de "Bosque do Imperador", que abriga uma bela biblioteca que integra as dependências do Museu Imperial, localizado bem próximo ao Colégio.

Segundo relatos de antigos funcionários, o terreno – que foi doado pelo Imperador Dom Pedro II para a construção do Colégio – abrigava uma pequena construção que era o local onde os negros que serviam no Palácio do Imperador ficavam alojados. Posteriormente a construção foi demolida, dando lugar ao que é hoje o prédio histórico do Colégio.

Como vimos, no prédio histórico estão alocadas as turmas dos cursos regular e do Técnico em áudio e vídeo. No prédio novo estão as turmas do Médio regular e o Técnico em Química, que ocupa todo o segundo andar.

As turmas do Médio regular são bem numerosas: têm entre 30 a 38 alunos. As do Técnico em Química são um pouco menores: têm uma média de 28 alunos. E as do Técnico em áudio e vídeo são as menores, com uma faixa de 20 alunos, no máximo.

Os perfis dos alunos dos cursos técnicos que compõem a pesquisa são bem distintos. Os estudantes de Química são, em sua grande maioria, oriundos da Baixada Fluminense e boa parte das turmas têm resultados acima de 30 pontos nas disciplinas da área específica e da área de ciências exatas. No geral, os alunos do curso não apresentam resultados muito expressivos nas disciplinas de Ciências Humanas, como Sociologia, Filosofia, História e Geografia. Foi possível observá-los se paramentando para uma aula prática que seria realizada no laboratório, havia uma satisfação no ambiente neste momento. Eles conversavam, se ajudavam e tiravam fotos, buscando eternizar o momento. Na ocasião, não foi possível precisar se a alegria no ritual estava relacionada ao uso do espaço, com o curso em si, ou se esta reação está relacionada ao retorno presencial após 2 anos de pandemia e atividades remotas.

Por se tratar de um curso com oferta em tempo integral, a grande maioria dos alunos que respondeu ao questionário não trabalha, e poucos são beneficiários de programas sociais. Ao longo da pesquisa será possível compreender se, e como, estes dados podem impactar o rendimento de alunos e alunas pretos e pardos no ensino médio regular e técnico.

O Técnico em Áudio e Vídeo (AV), tem alunas e alunos oriundos da cidade de Petrópolis, pois em sua proposta inicial, o curso pretendia atender às demandas das empresas locais da área do audiovisual, e alguns poucos da região da Baixada Fluminense. O laboratório do curso é muito bem equipado com recursos de gravação e edição de vídeos, e há profissionais muito experientes que atuam nesta área integrando o corpo docente. Os estudantes e professores produzem uma mostra, que antes da pandemia era anual e no ano de 2021 ocorreu de forma remota. O referido evento tem notoriedade na cidade, contando sempre uma divulgação muito positiva por parte da imprensa local. O corpo docente que integra o curso de Áudio e vídeo está, em sua maioria, lecionando no curso desde sua criação.

Os alunos do curso Técnico em Áudio e Vídeo (AV) com os quais tive contato inicial foram receptivos e falantes. Tive a oportunidade pude conversar com uma aluna AV que se mostrou interessada na pesquisa e em contribuir para sua execução, me perguntando se poderia ficar com alguns questionários e repassá-los aos seus colegas – já que poucos se encontravam no local, grande parte do grupo já havia sido dispensado e os que ali estavam finalizavam uma tarefa em grupo. Dessa forma, a aluna me auxiliou com os questionários, circulou comigo pelos corredores do Colégio e me apresentou a alguns alunos e alunas que integram o Grêmio escolar, e estavam reunidos para organizar as eleições que iriam ocorrer nos próximos dias.

É possível notar que há um envolvimento maior nas atividades que ocorrem no Colégio, por parte dos alunos do Áudio e vídeo, como no Grêmio estudantil e nos eventos que ocorriam na escola, antes da pandemia. Os professores desse curso contribuem de forma significativa para que este engajamento ocorra, estimulando que os alunos participem das atividades escolares e extraescolares ligadas à cultura. Antes da pandemia também ocorria a semana de integração acadêmica, organizada pelos alunos veteranos e professores, para a recepção dos calouros. De acordo com os estudantes, este evento era muito importante, já que possibilitava que todos se conhecessem, criando vínculos e estabelecendo novas relações.

Em conversa com os alunos do AV, eles se mostraram entusiasmados com a eleição que se aproximava, buscando recursos tecnológicos para que o pleito ocorra de forma mais informatizada. Por isso se encontravam reunidos no laboratório de informática. Foi possível perceber que boa parte dos alunos que ali estavam são oriundos do Áudio Vídeo (AV) que, em minha percepção, tomaram como tarefa comunicar o que ocorre nas eleições, arregimentar novos membros para o Grêmio e estimular a montagem de novas chapas, para concorrer.

Os estudantes do AV têm seu foco e perspectiva de trabalho voltado para a própria cidade de Petrópolis, e pude notar que poucos dos que responderam o questionário são oriundos de outros municípios. Em uma análise bastante inicial, parece que o curso de Áudio e Vídeo exige, em certa medida, maior investimento econômico para a execução de determinadas atividades que requerem bons equipamentos para filmagem, edição e transmissão do material produzido.

O perfil dos estudantes dos cursos técnicos é bem distinto, embora todos tenham uma característica comum: a juventude. O grupo de alunos de Química é mais focado nas tarefas acadêmicas e obtenção de bons resultados para que possam ingressar, imediatamente após a conclusão do curso, no mercado de trabalho. A grande maioria destes jovens é oriunda da região da Baixada Fluminense, mais especificamente de Xerém, distrito do município de Duque de Caxias e de outros bairros deste município, que abriga uma quantidade considerável de indústrias químicas, e possui uma das refinarias da Petrobrás – A REDUC. Assim, a possibilidade de serem contratados por estas empresas parece gerar um estímulo a mais aos futuros Técnicos em Química.

Ao transitar pelos espaços do Colégio foi possível perceber que houve um investimento nos insumos, para que ambos os cursos possam oferecer qualidade aos seus estudantes, e que houve um grande investimento e compromisso não só do corpo docente – que é qualificado e empenhado em desenvolver um trabalho de excelência – mas também da equipe gestora para que se mantenha um padrão de qualidade na oferta dos cursos. O exemplo disto são os laboratórios que são bem equipados e têm seus espaços bem cuidados. Cabe destacar que a elaboração das propostas para apresentação aos órgãos responsáveis pela autorização dos cursos técnicos partiu do corpo docente que se empenhou para que o Técnico em Áudio e vídeo pudesse ser viável, e o Técnico em Química pudesse ser retomado, embora seguindo moldes um pouco diferentes do que já foi ofertado pela instituição em tempos passados. Pois, como dito anteriormente, o curso de Química era ofertado como subsequente, e atualmente é ofertado de maneira concomitante ao ensino médio, seguindo uma matriz curricular que é a padrão para todo o Estado do Rio de Janeiro.

Já os estudantes do ensino médio regular apresentam um perfil similar aos dos alunos dos técnicos. Grande parte deles demonstraram, no preenchimento dos questionários, um interesse pelo mundo do trabalho e a necessidade de ingresso imediato no mercado. Como o curso regular é ofertado em período parcial, alguns alunos responderam já ter alguma forma de ocupação, seja com atividades informais, seja com estágios remunerados, ofertados por órgãos e empresas especializadas no recrutamento de jovens aprendizes.

Alguns alunos demonstraram interesse em dar prosseguimento aos estudos em nível superior, fazendo algumas perguntas sobre a Universidade Católica de Petrópolis, sobre as formas de ingresso e possibilidade de bolsas. Aparentemente eles não possuem muitas informações sobre a UCP ou outras universidades da cidade.

1.3 Os jovens interlocutores e seus questionamentos: "Qual é a minha cor mesmo?"

Acompanhada da CE do Colégio percorri as turmas para a entrega dos questionários, para que fossem preenchidos no momento da visita pelos estudantes. Por se tratar de um questionário curto, com respostas objetivas, não houve resistência por parte dos estudantes em respondê-lo. Os professores que estavam nas turmas também não se mostraram incomodados em permitir que os alunos o preenchessem, pois toda a dinâmica girou em torno de 10 minutos.

Algumas dúvidas surgiram por parte das alunas e alunos ao responderem os questionários, tais como: "O que são benefícios do governo"? "Aposentadoria também é um benefício do governo?". As informações sobre a residência de alguns também suscitou dúvidas, pois alguns alunos foram atingidos pela tragédia do dia 15 de fevereiro e estavam abrigados na casa de parentes. No entanto, a grande dúvida que surgiu em todas as turmas foi sobre a auto atribuição racial: os alunos se questionavam a respeito de sua cor/raça e foi necessário explicar que é como eles se viam, qual a cor que eles acreditavam ter, qual a origem racial dos pais. Foi necessário, também, explicar a diferença entre auto atribuição e hetero-atribuição, quando terceiros os identificam. A classificação de cor utilizada foi a mesma do IBGE, que desde a realização dos censos contemporâneos utiliza características fenotípicas como cor, traços corporais (formato do nariz, da boca, cor e tipo e cor dos cabelos), assim como origem regional.

Inicialmente informamos que por se tratar de auto atribuição deveriam marcar como se viam. No entanto, as perguntas sobre a identificação permaneceram. Na turma 3001, uma jovem perguntou qual cor deveria marcar no questionário, já que sua mãe é branca e seu pai negro, e disse: "*as vezes me sinto preta, as vezes me acho morena*". Esta e outras falas demonstram a grande dificuldade que os alunos pardos apresentam para se identificar.

De acordo com estudo realizado por Piza e Rosemberg (2014, p. 93), sobre cor nos censos brasileiros, os entrevistados, de maneira geral, apresentam dificuldades em se auto atribuir, como nota-se no trecho a seguir:

> As determinações macroestruturais têm sido objeto de estudos que estabelecem as ligações estreitas entre declaração de cor e tentativas individuais ou institucionais de branqueamento. Poucos estudos têm se ocupado da formulação e mudança dos conceitos raciais e das decorrências dessas mudanças para os dados censitários.

As alunas e alunos pretos não apresentaram tais questionamentos, já que suas características fenotípicas não deixam dúvidas para auto e hetero-atribuição. Estas questões ficaram bem mais evidentes com os alunos pardos que foram os que mais demonstraram dúvidas no decorrer do processo.

Considerando ainda os estudos realizados por Piza e Rosemberg (2014, p. 100):

> Os problemas das coletas sobre cor em países de população multirracial, como no caso do Brasil, têm como ponto marcante de conflito a existência, no contínuo de cores da população, do grupo dos pardos. Este se constitui como o grupo onde a variação do pertencimento parece ser maior e mais influenciada pelos significados sociais da cor. É esta população que mais fluidamente transita pelas linhas de cor, estabelecendo limites geralmente amplos.

Uma das alunas da turma 3001, preta, ao ver os questionamentos de sua colega falou: "*Nunca tive o privilégio de não ser preta na vida*". Esta fala revela que as pessoas pretas, salvo exceções, conseguem perceber quem são e como as pessoas as percebem – embora se entender como pessoa preta não significa, necessariamente, ter consciência racial; ou que estas pessoas não sejam atravessadas pelo desejo de embranquecer para que sejam aceitas socialmente.

Em entrevista concedida à revista *Estudos Avançados*, Kabengele Munanga (2004) aponta que pode parecer simples se definir como negro no Brasil; no entanto, em um país que desenvolveu o desejo do branqueamento não é fácil apresentar uma definição de quem é negro ou não, pois, há pessoas negras que introjetaram o ideal de branqueamento e não se consideram negras. E a fala das alunas ilustram bem o ideal de branqueamento vivido pelos negros. Segundo Munanga (2004, p. 52):

> Assim, a questão da identidade do negro é um processo doloroso. Os conceitos de negro e branco têm um fundamento etno-semântico, político e ideológico, mas não um conteúdo biológico. Politicamente, os que atuam nos movimentos negros organizados qualificam como negra qualquer pessoa que tenha essa aparência. É uma qualificação política que se aproxima da definição norte americana. Nos EUA não existe pardo, mulato ou mestiço e qualquer descendente de negro pode simplesmente se apresentar como negro.

É importante ressaltar a gama de benefícios e privilégios da branquitude, assim como o fomento ao branqueamento da população, sendo inegável que todo este conflito identitário emerge do quanto ser preto imputa os problemas relativos às várias formas de manifestação do racismo na sociedade.

No texto, "Da cor ao corpo: a violência do racismo", Jurandir Freire Costa (1983, p. 2) apontou:

> A violência parece-nos a pedra de toque, o núcleo central do problema abordado. Ser negro é ser violentado de forma constante, contínua e cruel, sem pausa ou repouso, por uma dupla injunção: a de encarnar o corpo e os ideais de Ego do sujeito branco e a de recusar, negar e anular a presença do corpo negro.

A violência citada pelo autor é comum na vida das pessoas pretas. A observação feita pela aluna – de não ter o "*privilégio de não ser preta*" em nenhum momento da vida – demonstra de forma muito objetiva o quanto ser preto dificulta a vida, até das pessoas mais jovens em uma sociedade onde impera o racismo estrutural.

Algumas poucas alunas brancas também tiveram dificuldade na auto atribuição de cor. Entenderam que "amarelo", refere-se, literalmente, ao amarelo, e não aos orientais, o que faz pensar que é preciso racializar também as pessoas brancas, cuja cor/raça não é problematizada. Concebido como modelo universal de humanidade, o branco é visto como um padrão de referência, econômico, social e político. Este modelo de branquitude gera neste processo uma espécie de pacto fundamental para a manutenção das desigualdades raciais no Brasil (Bento, 2014).

As falas e dúvidas demonstradas pelos estudantes a respeito da própria cor provocou uma série de interrogações sobre como, e se, as discussões raciais são feitas no Colégio. As próprias respostas dadas pelos docentes que estavam nas salas onde os questionários foram entregues – sendo, estes docentes, todos brancos – sugere a falta de discussões sistematizadas sobre relações étnico-raciais. Essas discussões costumam surgir apenas em situações como a dos questionários, em caso explícito de racismo ou em datas comemorativas. Como na semana da consciência negra, que até 2019, antes da pandemia, era realizada em novembro, próximo à comemoração do "Dia da Consciência Negra", e não como preconiza a lei n.º 10.639/2003, que a História e cultura africana e afrobrasileira deve permear todo o currículo da Educação básica.

Durante a aplicação do questionário outras questões foram postas pelos estudantes, como os objetivos da pesquisa e informações sobre a universidade. Muitos alunos externaram o desejo de ingressarem no mercado de trabalho e de cursar o Ensino superior. Contudo, o que chamou muito a atenção foi uma aluna do Médio regular, que questionou se eu era apenas pesquisadora ou se era professora também. Informei que era professora da Educação básica e do Ensino superior na licenciatura em Pedagogia da UCP, e a fala da aluna foi a seguinte: "*Que legal! Você é preta como eu, e dá aula em uma universidade*".

Como vemos, a fala da aluna demonstra a falta de representatividade nas escolas e universidades públicas e privadas de todo país. As estatísticas do próprio Colégio deixaram evidente a questão: como mencionado anteriormente, dos 109 professores da instituição, apenas 4 são pretos ou pardos.

Segundo dados divulgados pelo Departamento Intersindical de Estatística e Estudos Socioeconômicos (DIEESE), no ano de 2013 a participação das negros e negros como professores nas escolas das redes municipais e estaduais de todo país passou a ser mais equilibrada, já que 44,85 dos professores são negros e 55,15% não negros. As políticas afirmativas, como a lei de cotas raciais em concursos públicos, contribuíram para este aumento, pois, de acordo com os dados do mesmo departamento, no ano de 2002 as disparidades eram mais significativas – 37,94% dos professores eram negros e 62,06% não negros. No entanto, estes dados não estão refletidos no Colégio Dom Pedro, onde apenas 3,6 % do corpo docente é negro.

A estatística de pretos e pardos do colégio é uma amostra muito pequena diante do que foi constatado nas pesquisas realizadas em nível macro. A fala da aluna revela o quanto a falta de professores pretos e pardos no Colégio impacta negativamente os alunos negros, que não se veem representados entre os docentes e a equipe gestora. O estranhamento da aluna ao ver uma pesquisadora e professora universitária preta (o que é ainda mais raro, já que somente 16% dos professores universitários do país são autodeclarados pretos e pardos) é significativo: ver uma pessoa igual a ela, em uma situação que pode ser considerada de sucesso na carreira, pode auxiliar na construção de outras perspectivas de futuro. Naquele momento, a aluna se viu representada.

A devolutiva dos questionários possibilitou a construção de dados preliminares que serão explorados ao longo da pesquisa, bem como as interações realizadas com nossos interlocutores nesse primeiro momento. Dos 386 alunos matriculados em todas as turmas da série do ensino médio regular e técnicos, 276 alunos responderam o instrumento. É importante mencionar que no dia em que a visita às turmas foi realizada, a cidade havia passado por outra chuva forte, com muitas inundações e deslizamentos. Nesse dia havia previsão de mais chuvas, o que fez com que muitos alunos não comparecessem ao Colégio.

O Quadro I apresentado a seguir demonstra estatísticas do percentual de alunos pretos, pardos, brancos e indígenas que se autodeclararam:

Quadro I – Percentual racial dos estudantes que responderam ao questionário

Raça/etnia	**Quantidade**	**Percentual**
Pretos	44	15,94%
Pardos	91	32,90%
Brancos	139	50,30%
Indígenas	2	0,7%

Fonte: dados extraídos pela pesquisadora por meio dos questionários aplicados aos alunos das 3ª séries do ensino médio

Gráfico I – Percentual racial dos estudantes que responderam ao questionário

Fonte: dados extraídos pela pesquisadora por meio dos questionários aplicados aos alunos das 3ª séries do ensino médio

Considerando o percentual de pretos e pardos, há uma proporcionalidade se comparado aos alunos brancos, embora o número de pretos seja bem menor do que o de brancos. No levantamento inicial realizado por meio das atas de resultados finais, 89 alunos apresentaram bons resultados. Destes, 62 responderam ao questionário. Os dados raciais, que constituíam o objetivo central da aplicação do instrumento, estão apresentados no quadro a seguir:

Quadro II – Dados raciais sobre os alunos com bons resultados

Curso	Pretos	%	Pardos	%	Brancos	%
Téc. Áudio e Vídeo	1	10%	1	10%	8	80%
Téc. Química	4	13%	10	33%	16	54%
Regular	3	10,7%	11	39,2%	14	50,1%

Fonte: dados extraídos pela pesquisadora por meio dos questionários aplicados aos alunos das 3ª séries do ensino médio

Os dados apresentados no Quadro II demonstram que a maioria dos alunos com bons rendimentos são brancos, ratificando as pesquisas que investigam o fracasso escolar de estudantes negros na Educação básica. Essas pesquisas revelam que o fracasso está localizado nos alunos negros (pretos e pardos).

A análise dos questionários evidenciou, ainda, que dos alunos oriundos de famílias com bons resultados escolares, somente 2 estudantes pardos do Ensino regular, do período parcial, e 1 pardo do curso de Química, trabalham. O aluno de Química alegou fazer alguns trabalhos temporários, pois o curso ocorre em período integral.

Outro dado relevante, merecedor de análises aprofundadas, é que nenhum dos alunos pretos e pardos com boas notas são beneficiários de programas sociais, dado que pode indicar estabilidade econômica ou falta de acesso aos programas, necessitando ser elucidado com os participantes.

Nestes contatos iniciais foi possível perceber os impactos da pandemia de covid nos processos de aprendizagem e nas interações sociais, já que os alunos das 3ª séries ingressaram no Colégio em 2020, na 1ª série, tiveram 1 mês de aulas, e permaneceram no ensino remoto até o final de 2021, quando houve um arremedo de retorno presencial no mês de novembro, com rodízio de estudantes, seguindo as orientações e protocolos dos órgãos de saúde local.

De acordo com as informações prestadas pelas orientadoras pedagógicas e educacional, havia atividades síncronas oferecidas por poucos professores. A grande maioria dos alunos foi avaliada pela devolutiva das apostilas e pela participação nas 2 semanas de aula, entre novembro e o início de dezembro. Esta falta de aulas presenciais e o enfraquecimento das interações socais acarretaram uma série de problemas, com muitos alunos sofrendo de transtorno de ansiedade e/ou déficit em relação ao conteúdo das disciplinas. Um número considerável de alunas e alunos que trocaram de curso, saindo do AV para o regular para que pudessem trabalhar e auxiliar as famílias que perderam renda com a pandemia. Houve, também, alunos do curso regular que abandonaram a escola por causa da pandemia; no entanto, a escola não soube precisar qual foi o percentual de evasão.

O curso que foi menos impactado pela evasão durante a pandemia foi o de Química, possivelmente em virtude das expectativas das famílias, que acreditam que os alunos vão concluir o curso e ingressar prontamente no mercado de trabalho. Nesse curso o número de troca e evasão foi baixo. Grande parte dos alunos retornou para o Colégio no ano de 2022 e as turmas permanecem com um número considerável de alunos.

1.4 Os jovens negros e a percepção sobre o colégio

A pandemia da Covid-19 imputou uma série de desafios a toda a sociedade. Para os jovens estudantes, não foi diferente. Além da perda de renda de muitas famílias, os alunos tiveram que passar pelo distanciamento social e a ausência das aulas presenciais, que impactaram negativamente em todos os níveis da Educação básica.

Nesta segunda etapa da pesquisa foram realizadas conversas com os alunos que se autodeclaram pretos e pardos. Foram ouvidos alunos de 6 turmas da 3ª série do Médio regular e técnicos de Química e áudio e Vídeo e, em todas as turmas, a fala de como a pandemia os atrapalhou foi unânime.

Nas 6 turmas foram ouvidos 43 alunos, distribuídos como mostra o Quadro III:

Quadro III – Percentual de estudantes matriculados/entrevistados

Turma	Alunos matriculados	Alunos entrevistados pretos e pardos	Percentual de entrevistados
3001 AV	13	4	30,76%
3002 AV	14	10	71,42%
3002 Química	18	8	44%
3003 Química	25	6	24%
3003 Regular	38	9	23,68%
3004 Regular	38	6	15,78%

Fonte: dados extraídos do Sistema Conexão Educação e arquivos pessoais da pesquisadora

Cabe informar que dentre os alunos pretos e pardos que responderam aos questionários, todos foram convidados para participar de uma roda de conversa. Mas alguns se recusaram, ficando livres para se retirarem da sala.

A entrada nas turmas foi intermediada pela coordenadora pedagógica ou pelo inspetor de disciplina. A estratégia inicial era perguntar se eu poderia conversar na sala, auditório ou no espaço disponível, com as alunas e alunos que se declaravam pretos ou pardos. Em algumas turmas, portanto, a discussão sobre quem é pardo e preto foi reiniciada. Alguns questionaram se eram "obrigados" a participar e a resposta dada foi que não – ninguém era "obrigado" a participar. Alguns então se retiravam do espaço onde a conversa iria acontecer, mas outros, apesar do questionamento, permaneceram e acabaram participando. Havia alunas e alunos que se o método utilizado para a seleção fosse a heteroidentificação, seriam lidos como pardos; no entanto, como o critério não foi esse, eles saíam das salas dizendo serem brancos, geralmente meninos pardos e até alguns meninos pretos saíam das salas. Apenas um grupo de 4 meninas pretas da turma 3003 do regular chegaram a sair da sala para participar da conversa, acabaram não entrando no auditório e ficaram debatendo do lado de fora se deveriam entrar ou não. As alunas acabaram não entrando no auditório, e não participaram da conversa.

Nos alunos que permaneciam nas salas era possível perceber um misto de curiosidade e satisfação por serem "escolhidos", ou mesmo "privilegiados", naquele momento. Ao discorrer sobre a experiência do negro e do corpo negro Fanon (2008, p. 104) observa que:

> [...] tivemos de enfrentar o olhar branco. Um peso inusitado nos oprimiu. O mundo verdadeiro invadia nosso pedaço. No mundo branco, o homem de cor encontra dificuldades na elaboração de seu esquema corporal. O conhecimento do corpo é unicamente uma atividade de negação. É um conhecimento em terceira pessoa. Em torno do corpo reina uma atmosfera densa de incertezas.

Nas reflexões e constatações oriundas das pesquisas empreendidas por Fanon é evidenciada a dificuldade em se aceitar por parte dos negros, da necessidade de passar pelo crivo das pessoas brancas, levando a questões relativas à própria identidade. É possível inferir que os alunos negros que não quiseram participar das conversas buscassem fugir da sua própria corporeidade e de seu passado, de sua ancestralidade, que remete à dor e ao sofrimento. Em uma sociedade fortemente marcada pelo racismo, é mais confortável fugir das discussões (como os alunos e alunas pretos), ou tentar se passar por pessoa branca (como as alunas e alunos pardos).

Na autoanálise empreendida por Fanon (2008), é possível compreender parte dos sentimentos que podem atravessar estes alunos e alunas:

> Queria simplesmente ser um homem entre outros homens. Gostaria de ter chegado puro e jovem em um mundo nosso, ajudando a edificá-lo conjuntamente. Mas rejeitava qualquer infecção afetiva. Queria ser homem, nada mais que homem. Alguns me associavam aos meus ancestrais escravizados, linchados: decidi assumir. Foi através do plano universal do intelecto que compreendi este parentesco interno- eu era neto de escravos do mesmo modo que o Presidente Lebrun o era de camponeses explorados e oprimidos pelos senhores. Na verdade, o alarme parava rapidamente (p. 106).

Como não foi possível conversar com as alunas e alunos que se retiraram da sala, não seria correto afirmar que se tratava de negação da própria identidade ou ancestralidade; contudo, essa é uma questão a ser considerada, principalmente no caso dos meninos pardos que se declararam brancos. Esse dado sugere que essa reação dos alunos pode sugerir uma busca por aceitação diante do grupo de pessoas brancas.

Alguns alunos brancos questionaram o porquê de apenas os pretos e pardos participarem da conversa, e se eles também participariam em outro momento. A resposta foi que o objetivo inicial era conversar apenas com os pretos e pardos. Na turma 3004, do regular, um aluno branco chegou a dizer que a situação se tratava de "racismo reverso", e o grupo de alunos brancos se recusou a sair da sala para que a conversa ocorresse apenas com os negros. Convidei o grupo a ir para outro espaço do Colégio, mas como no dia eles haviam recebido os kits de livros do Enem, preferiram permanecer na sala de aula mesmo. Parecia, naquele momento, haver uma clara disputa entre os grupos; e não é possível afirmar, mas o uso do "racismo reverso" não foi apenas uma brincadeira, como alegou um dos estudantes brancos, que parecia se sentir aviltado, ou mesmo "discriminado" por não ter sido convidado a participar da conversa. O trecho a seguir, extraído de Fontoura (2021), elucida o pensamento que o senso comum ratifica e faz acreditar que exista "racismo reverso":

> No cenário da política ultraconservadora na reinvindicação da pauta dos valores e costumes, a negação da existência do racismo tem se popularizado entre os sujeitos (negros e não-negros) resultou na popularização de uma expressão que representa uma leitura histórica e social desacertada sobre o fenômeno do racismo, constituindo-se como um evidente equívoco interpretativo: o *racismo reverso*. A expressão falaciosa busca promover um entendimento equivalente do racismo não apenas na sua negação, mas sim na sua inversão, colocando os sujeitos não-negros como alvo de ataques, discriminações e preconceitos tendo por base a cor de sua pele (p. 58).

O que não é considerado quando se invoca a ideia de "racismo reverso" são os anos de escravização do povo negro e os problemas sociais fruto desta chaga que reverberam ainda na atualidade sobre a população negra. E todos estes fatos apontados de forma sucinta não se constituem como uma realidade histórica vivenciada pelas pessoas brancas.

Nas demais turmas onde a conversa foi realizada sempre havia o questionamento sobre a permanência dos alunos negros e a não participação dos brancos; no entanto, não houve resistência como na turma 3004 do curso regular.

As discussões foram iniciadas com as 3ª séries do AV 3001 e 3002, nos horários que foram disponibilizados pela OE que também é professora, que não poderia comparecer ao Colégio naquele dia. A receptividade do grupo foi muito boa, os alunos se mostraram interessados em participar e rapidamente se puserem a falar. Como não havia um roteiro fechado de perguntas, a conversa foi iniciada de acordo com a dinâmica de cada grupo. Na turma 3002, a primeira a participar da conversa, a discussão foi iniciada com o questionamento sobre a permanência na sala de um aluno que fenotipicamente é branco, com cabelos lisos, que chamarei de Marcos[10]. Dessa forma iniciamos com uma apresentação dos participantes e porque cada um se declarava preto ou pardo. Marcos, então, iniciou explicando os motivos em se declarar pardo:

> Marcos: *Meu nome é Marcos, eu me declarei pardo mais por parte da minha família por parte de pai que tem pretos e pardos, e meus avós que tem pretos, e tem quatro tios né?! Dois dos meus tios são negros, meus outros 2 tios pardos, porque são quatro irmãos. Eu me declarei pardo por causa da família do meu pai* (MARCOS, estudante do AV, 2022).

[10] Os nomes dos participantes foram alterados para que as identidades sejam preservadas.

A fala de Marcos ilustra como a percepção racial pode estar atrelada aos fatores de origem familiar e a construção social desta. Alguns alunos que se declararam pretos ao expor sua origem familiar têm pai ou mãe brancos, mas se declaram pretos, e não pardos, por seu fenótipo. Essa identificação racial e familiar foi realizada em todas as turmas como o início da conversa, levando alguns alunos a reflexões posteriores, que foram evidenciadas ao longo das discussões.

O segundo ponto abordado nas conversas foi a percepção dos estudantes sobre o Colégio, visão que variou bastante de acordo com as turmas e cursos. Os estudantes do AV iniciaram falando que os professores são muitos bons, que procuraram ajudar no retorno presencial. Porém, logo em seguida, a aluna que chamarei de Elisa, da turma 3002 AV, falou: "*Esse colégio é muito branco*". Alguns alunos riram e concordaram, já que de acordo com os estudantes, eles têm apenas uma professora preta e viram, algumas vezes, um professor preto de Educação Física e um dos diretores – mas sendo estes os únicos docentes pretos que viram no colégio.

Perguntei se eles acham que isso faz alguma diferença, e a resposta que obtive foi a seguinte: "*De verdade assim. Assim, diferença, diferença, mais ou menos, porque falta a inclusão dos negros na sociedade. Mas a gente já acostumou com ver coisas assim. É o normal né?!*" (Elisa, 3002 AV).

Foi possível compreender que até essa conversa ser realizada, algumas questões raciais não eram percebidas pelos alunos. Percebi que houve uma admiração por parte de todos os que estavam presentes quando mencionei o quantitativo de professores pretos e pardos do Colégio, e que não ter pessoas negras em posições de destaque é o "normal" a ser visto na sociedade. Caio, outro aluno da turma, fez a seguinte observação: "*Mas isso é o normal, todos os lugares que a gente vai tem muito branco*".

No entanto, apesar da breve consideração sobre a falta de professores negros e dos espaços embranquecidos, a resposta de todos foi que isso não afeta o aprendizado deles. Na perspectiva desses jovens, as alunas e alunos são bem integrados: "é bem misturado". Os estudantes enfatizaram muito o quanto os professores são bons, unidos e se ajudavam muito, pois trabalham juntos no curso desde a criação. Eles definem o curso como uma grande família, pois todos se conhecem, se cuidam e são muito próximos. Esta fala e proximidade entre os alunos é sentida nas 2 turmas do AV.

Em ambas as turmas a maior queixa é sobre o número excessivo de tarefas a serem cumpridas, devido à defasagem criada pela pandemia e à ausência de aulas presenciais. Os alunos se sentem prejudicados e veem sua perspectiva de futuro comprometida pela falta de acesso aos conteúdos que eles julgam ser fundamentais para atuação como futuros técnicos, bem como para a realização de exames para ingresso nas universidades.

Outro ponto muito citado pelos alunos foi a necessidade de auxiliar nas tarefas domésticas durante a pandemia e o quanto isto atrapalhou no desenvolvimento das atividades escolares. Além da divulgação de que haveria "aprovação automática", fato que teria desmotivado ainda mais os alunos. Como é possível notar no trecho a seguir:

> *No segundo ano depois até metade do ano eu segurei. Mas depois que eu vi que tipo assim, pô, já não tava conseguindo mais acompanhar e tal e eu tinha que ir trabalhar e rolou uma desmotivação, né? Sim, ainda teve a notícia de que ia ter a promoção automática também. Eu lembro que no primeiro eu literalmente eu lembro que no primeiro ano, eu tive, até teve a questão também que tipo assim, não sei vocês mas a falta de incentivo, sim é porque meus pais eles trabalham o dia todo, então eu ficava por mim só em casa, sozinho, e tinha tudo o que precisava fazer* (Marcos, AV 3002, 2022).

O que fica evidenciado na fala dos alunos é que todos acabam por ter um comportamento padrão de alunos, estudam aguardando a retribuição final – a nota. E com a "aprovação automática" houve a atribuição de nota, porém, segundo os estudantes, era necessário que fosse entregue qualquer atividade ou apostila para que a "nota" fosse atribuída e os alunos aprovados. Só ficaram retidos os estudantes que desapareceram e não entregaram nenhum material ou participaram das atividades remotas.

A desmotivação e a queda no rendimento de grande parte dos alunos do AV sugerem algumas pistas sobre a concepção de sucesso escolar atrelada às notas e aos resultados finais. Se a recompensa não virá, não há necessidade de se esforçar, pois o objetivo não é a aquisição de conhecimento, e sim o resultado, os pontos que serão atribuídos. Nas conversas que serão apresentadas com os estudantes será possível compreender a perspectiva que eles têm de sucesso e se este está, de fato, atrelado ao resultado quantitativo.

1.4.1 Os estudantes do curso de Química e os olhares sobre a escola

Como no curso de Áudio e Vídeo, os estudantes do curso de Química também foram bastante impactados pela pandemia da Covid-19, com dificuldades de realizar as atividades e, principalmente, de compreensão de conteúdos e procedimentos práticos, que foram executados de forma esporádica e online. De acordo com os relatos dos estudantes, esses conteúdos e procedimentos foram de difícil compreensão por meio de vídeos. A pandemia ressignificou para estes jovens a ideia de ser "bom aluno", as relações com o Colégio e, muito possivelmente, o conceito de sucesso escolar.

A percepção do grupo de alunos que participou das conversas, das turmas 3002 e 3003, difere bastante da dos alunos do AV. A primeira turma que foi entrevistada foi a 3003, grupo que foi visto no laboratório quando os questionários foram entregues. E a grande empolgação percebida na ocasião estava relacionada a poder utilizar o laboratório, pois segundo os estudantes, apesar de as aulas práticas no laboratório fazerem parte da grade de horários, as situações que inviabilizam a aula seriam recorrentes, tais como problemas pessoais da professora responsável pela prática no laboratório.

A maneira como alguns professores tratam os estudantes também foi mencionado por alunos de ambas as turmas. Eles disseram que há bons professores no curso, bem-preparados, mas que não se relacionam bem com os alunos. Houve reclamações a respeito de 2 professores por causa do excesso de exigências e da pressão exacerbada sobre os alunos – fato que teria ocasionado, segundo os estudantes, algumas crises de ansiedade e até desmaios durante a apresentação de trabalhos em uma aula. Os relatos que seguem, extraídos da fala de 2 alunos da turma 3002 do curso de Química, ilustram essas questões. Enquanto um aluno tenta justificar a atitude de uma professora, que chamarei aqui de Celma, a outra aponta como indefensável a forma como a docente se relaciona com os grupos:

> Leonardo: *Ah, a questão é que tipo assim, ela, se ela ver que a pessoa não estudou, ela caiu em cima porque ela cobra mesmo. Tipo assim, eu não acho que ela esteja errada. Ela faz isso com todo mundo. Ela quer pra ela, todo mundo que tá no curso, no terceiro ano e quer seguir com a carreira, trabalhar. Aí é por isso que ela cobra tanto.*

> Samara: *Ela não precisa humilhar. Humilhar. Mas não precisava falar do jeito que falou com a Gabi falando com ela, que ela é gorda! Não dá nem pra defender. Vocês acham que isso vai surtir algum efeito positivo nela? Não. Eu acho que a gente faz negócio assim, na força do ódio mesmo! As vezes o medo dela falou assim ó, só que o problema é quem tem ansiedade, quem fica com esse medo. E acaba que acontece isso. E é por isso que é. E faz o pessoal passar mal, esse tipo de coisa. E ela não entende. Inclusive essa menina que entrou, passou mal na semana passada, desmaiou e tudo* (Leonardo e Samara 3002 Química, 2022).

Na fala dos estudantes fica explicitado o nível de exigência da professora; os relatos demonstram que ela leva os alunos ao limite, acreditando que esta é a melhor maneira de obter deles bons resultados. Alguns estudantes, apesar da pressão, conseguem estudar e obter bons resultados; no entanto, há outros que não alcançam os objetivos e são levados a situações extremas, como as crises graves de ansiedade.

A aluna que, segundo o relato acima, teria desmaiado durante a apresentação de um seminário entrou na sala enquanto a conversa ocorria e foi possível ver que se tratava de uma aluna branca e obesa – motivo que teria, de acordo com os estudantes, provocado os comentários da professora. A professora teria dito que a estudante deveria emagrecer, melhorar sua aparência, se quisesse ingressar no mercado de trabalho. O ocorrido, segundo os relatos, teria desencadeado a crise de ansiedade que culminou no desmaio da estudante.

Ao serem questionados se notavam alguma atitude racista por parte da professora, todos responderam que não, que inclusive Celma dispensava mais atenção a um dos estudantes do grupo de alunos negros que participava da conversa, e que é considerado pelo grupo e pelos professores como um bom aluno. Segundo o ponto de vista dos estudantes, professores como ela dão mais atenção aos bons alunos.

Ao analisarmos os relatos acima sobre a professora Celma, se fica nítido o preconceito relacionado à obesidade, pode-se dizer que os alunos não percebem o mesmo em relação à cor/raça. Ao contrário: os estudantes avaliam que a professora dispensaria mais atenção a um aluno negro por considerá-lo um "bom" aluno. No entanto, outros relatos sugerem discursos e práticas racistas que muitas vezes não são compreendidos como tais pelos estudantes.

Com efeito, as alunas da turma 3002 de Química descrevem uma situação clara de racismo, mas não a percebem como tal. No trecho que destaco a seguir é possível compreender os meandros de como se processa o racismo estrutural, presente de forma velada nas atitudes da docente:

> Natália: *Ontem ela falou do cabelo, está solto, no olho, não pode isso no trabalho. Vai atrapalhar você. Ela falou até isso com Riquelme. A Giovana estava com o cabelo solto, eu estava. Todo mundo estava.*
>
> Pesquisadora: *E como é o cabelo do Riquelme?*
>
> Juliana: *Ah, é assim cacheado, meio crespo e tem uma franja.*
>
> *Ela não falou nada quando a Giovana estava apresentado antes dele, e ela não mandou prender.*
>
> Pesquisadora: *E como é o cabelo da Giovanna?*
>
> Michele: *Tem uns cachos, mas é mais para liso. E também teve da Carol, também estava com cabelo solto, mas é liso o da Carol.*
>
> Natália: *ela já é cismada com o cabelo dele desde o primeiro ano. E agora eles vão entrar num laboratório. Todo mundo tem que prender o cabelo entendeu? Mas teve uma vez que ela (Celma), foi lá e prendeu o cabelo dele, falou que ele não tinha prendido isso direito. Aí ela foi lá e prendeu o cabelo dele, pra ele. Ele ficou com uma cara muito feia depois. Pro laboratório todo mundo tem que prender, mas para apresentar trabalho, ela não faz quem tem cabelo liso prender.*
>
> Michele: *Eu até prendi o meu ontem, achando que ia apresentar o trabalho, mas acabei não apresentando* (Turma 3003, Química, 2022).

A fala das estudantes demonstra a presença do racismo estrutural nas atitudes da docente, embora, pela maneira como narram o fato, pareçam não perceber seu sentido. Analisando a essência do racismo brasileiro, Bersani (2017) alude ao seu caráter estrutural e, portanto, em grande parte, inconsciente:

> Assim, por corresponder a uma estrutura, o racismo não está apenas no plano da consciência – a estrutura é intrínseca ao inconsciente. Ele transcende o âmbito institucional, pois

> está na essência da sociedade e, assim, é apropriado para manter, reproduzir e recriar desigualdades e privilégios, revelando-se como mecanismo colocado para perpetuar o atual estado das coisas. Trata-se de um elemento estrutural no Brasil porque formatado desde a vigência do escravismo colonial como modo de produção (p. 381).

As atitudes da docente expressam o racismo que Bersani aponta como parte das estruturas sociais, e que mesmo que sejam manifestadas de forma inconscientes, não deixam de ser parte do racismo estrutural. Embora os alunos, de forma geral, citem o racismo estrutural, parece que não se dão conta quando este de fato ocorre. São manifestações que parecem ficar disfarçadas em meio a outros discursos e práticas preconceituosas, como as relatadas contra a aluna que está fora dos padrões de beleza por ser obesa.

Outra questão recorrente na fala dos alunos do curso de Química foi a sobrecarga de atividades a serem realizadas, que não permite que eles possam pensar e se preparar para outras possibilidades como a realização do Enem, já que com o retorno das aulas presenciais houve um grande aumento nas tarefas. Muitos alunos, como mencionado anteriormente, são oriundos da Baixada Fluminense, principalmente de Duque de Caxias, o que faz com que estes estudantes saiam de casa por volta das 5:30 da manhã e cheguem em casa em torno das 21h. Essa jornada extenuante faz com que os esforços destes jovens sejam ainda maiores e, em alguns momentos, eles se vejam obrigados a faltar às aulas para conseguir entregar e apresentar as atividades no prazo. Dessa forma, pensar sobre as possibilidades de Ensino superior acabam ficando em segundo plano.

As estudantes informaram que não há ações estruturadas por parte da equipe diretiva, ou mesmo dos professores, que façam circular informações que possibilitem conhecer as oportunidades no Ensino superior – fato este que, na ótica dos jovens, dificulta o processo de escolha e também de ampliação das perspectivas de futuro.

1.4.2 Ensino regular: "*Muita gente parou, e aí que a escola viu que muita gente não tinha condições*"

A frase que é título desta subseção foi dita pelos alunos do Ensino regular, os quais apresentam uma realidade um pouco diferente da dos alunos dos cursos técnicos, já que muitos necessitam trabalhar. Na turma

3003, por exemplo, a maioria da turma trabalha para auxiliar na composição de renda familiar, já que houve uma queda significativa no poder de compra de suas famílias. De acordo com os relatos, muitos estudantes precisaram deixar a escola, pois não tinham acesso à internet, os familiares ficaram desempregados e com isso o Colégio passou a não ser prioridade. E foi apenas quando a evasão escolar ficou evidente que a escola começou a perceber a precariedade em que muitos alunos estavam, como é possível constatar no trecho a seguir:

> Maria Clara: *Igual muita gente não tem acesso à internet e a escola mesmo nem sabia, né? Hm-huh. Agora nossa parte remota que muita gente que realmente não tem condição, não conseguiu fazer. Até eles deram a oportunidade de vim aqui pegar apostila, pra quem não tivesse internet. Eles foram bem compreensivos.*
>
> Pesquisadora: *Ah, entendi. Mas no período da pandemia realmente nem todo mundo tinha condições de acessar a internet, vocês tinham aula assim, síncrona?*
>
> Jeniffer: *De vez em quando, era muito difícil fazer. Muita gente não assistia, tipo assim fazia chamada, né? Mas só um fazia também na nossa sala, então não adiantava. Só que a maioria teve que começar a trabalhar pra ajudar os pais a pagar contas. Os pais também. Minha mãe, por exemplo, ela foi demitida do trabalho porque a chefe dela era idosa, não podia ter contato.*
>
> João Pedro: *Então, eu comecei a trabalhar e não consegui estudar mais. Entende? Cansaço, então, muita gente da minha sala parou de estudar no remoto porque começou a trabalhar, ou porque também não tinha condições. Internet tava ruim, etcétera* (Estudantes Turma 3003, Regular, 2022).

Nesses relatos fica evidenciado que todos atravessaram uma série de desafios para permanecerem estudando, que muitos não tinham acesso à internet ou qualquer forma de aporte financeiro para que mantivessem o vínculo escolar. Contudo, mesmo com todas as dificuldades eles não abandonaram a escola por verem nesta uma possibilidade de melhorar as condições de vida no futuro. O colégio e a conclusão do ensino médio representam, para esses jovens, uma forma de planejar parte deste futuro.

Nas pesquisas empreendidas por Weller (2014) sobre os projetos de vida de jovens e ensino médio, a pesquisadora observou que de acordo com a posição que estes jovens ocupam no mundo, e de suas trajetórias sociais, a escola pode significar o espaço que permite romper barreiras impostas pelo meio social e, assim, superar situações de discriminação e violência, possibilitando a construção de projetos de vida que levem a novas perspectivas, mesmo considerando todos os desafios e entraves sociais impostos.

De acordo com as informações apresentadas pelo Atlas da Juventude (2021), a pandemia agravou as desigualdades, com risco aumentado de reduzir as oportunidades de toda uma geração. Os relatórios mais recentes apontam que houve danos relacionados à saúde mental, física, emprego e, principalmente, danos relacionados à aprendizagem. Segundo os dados de uma pesquisa realizada pela CONJUVE – Conselho Nacional de Juventude (2020), 65% dos jovens alegam terem aprendido menos durante o período de fechamento de escolas e universidades. Com relação à conclusão do ensino médio, pesquisas realizadas pelo IBGE (2020, A), entre os jovens de 14 a 29 anos, 20,2% não completaram alguma etapa da Educação básica – sendo que destes, 74% eram pretos ou pardos.

Mas quem é este jovem estudante do Colégio Estadual de Petrópolis? Será que há características neste grupo que podem ser generalizadas?

Para responder melhor à questão aqui proposta, penso ser necessário definir uma concepção de juventude. Para tanto, tomarei como base as perspectivas de Carrano e Dayrrel (2014), que consideram que a sociedade enaltece algumas características e valores ligados à juventude, como a energia, a estética corporal, a busca pelo novo e parecer jovem em um processo de "juvenilização" da sociedade. Entretanto, apesar dos adjetivos relativos à imagem, não há uma preocupação em ouvi-los; sobretudo, de ouvir os jovens das classes populares, que não dispõem das mesmas oportunidades que os jovens das classes médias e altas em termos de acesso à cultura, à educação e à espaços e tempos para que possam desfrutar com plenitude desta fase da vida.

Nos processos iniciais de escuta dos meus interlocutores de pesquisa, os jovens estudantes sinalizaram em suas falas o processo de silenciamento pelo qual passam na família, na escola e em outros ambientes. Os estudantes falaram sobre a dificuldade de fazer com que suas escolhas sejam respeitadas e que seus desejos sejam levados em consideração. Alguns falaram, inclusive, sobre a dificuldade de fazer valer sua opção por uma determinada modalidade de ensino médio, sentindo-se obrigados a cursar algo que não desejam. Neste processo muitos estudantes acabam por se sentir pouco valorizados por suas famílias, como é possível notar no trecho a seguir:

> Tatiane: *Há, meus pais, eles me apoiam em tudo, só que eu só tenho um problema, eles me pressionam muito sem perceber. Eles não fazem isso de propósito. Sem perceber é porque, tipo assim, minha mãe, ela fala tem que estudar, não sei o que você quer. Isso tem que estudar, quer isso, tem que estudar. Eu sei que eu tenho que estudar, só que tipo, chegou foi esse ano, ela me pressionou muito para fazer uma prova para marinha. Negócio assim eu sei que ganha bem, mas não é porque eu não quero química, eu também, eu estou aqui por estar, porque eu também não quero fazer química, não, eu quero fazer psicologia* (Tatiane, 3003 Química, 2022).
>
> Pesquisadora: *Você quer fazer psicologia?*
>
> Tatiane: *Para falar a verdade, se fosse para fazer o que eu quero, seria Psicologia* (Tatiane, 3003 Química, 2022).

É possível considerar que os jovens não são vistos como capazes de decidir sobre o próprio futuro, que seus anseios não são considerados. Fato este que leva à não escuta deste grupo, de seus desejos e aspirações. Eles não são vistos como protagonistas de suas histórias, questão que pode ter sido potencializada ainda mais pela pandemia, que limitou as interações sociais com outros jovens e adensou os problemas familiares – que em alguns casos estavam latentes. A visão que se compartilha dos jovens é de um eterno "vir a ser" adulto, alguém que ainda não é completo e passa por período de vida problemático, principalmente quando se referem aos jovens dos estratos sociais mais baixos (Carrano; Dayrrel, 2014).

No trecho a seguir, é possível compreender melhor os apontamentos de Carrano e Dayrrel (2014):

> A tendência, sob essa perspectiva, é a de enxergar a juventude pelo lado negativo. O jovem é o *que ainda não se chegou a ser*. Nega-se assim o presente vivido. Dessa forma, é preciso dizer que o jovem não é um pré-adulto. Pensar assim é destituí-lo de sua identidade no presente em função da imagem que projetamos para ele no futuro. Essa imagem convive com outra: a juventude vista como problema. Os índices alarmantes de violência, principalmente os homicídios, o tráfico de drogas, o consumo de álcool e de outras drogas, a ameaça da AIDS e a gravidez na adolescência são

> fenômenos que contribuem para cristalizar a imagem de que a juventude é um tempo de vida problemático (p. 106).

Ao considerarmos os problemas que são atribuídos aos jovens, é preciso notar que grande parte desses problemas são sociais e não produzidos por eles, como a violência policial e o assassinato de jovens negros nas periferias de todo país. Esses problemas são fruto de uma estrutura social desigual, que tende a criminalizar jovens negros e pobres.

De acordo com as estatísticas sociais sobre diferenças por cor e raça, apresentadas pelo IBGE, no ano de 2019, a taxa de homicídios entre jovens pretos e pardos chegou a 98,5 entre pessoas de 15 a 29 anos. Entre jovens brancos na mesma faixa etária, a taxa de homicídios é de 34 por 100 mil habitantes. Os números ainda mostram que estudantes pretos ou pardos do 9° ano do ensino fundamental vivenciavam mais experiências violentas do que os estudantes brancos. Frequentar escolas situadas em áreas de risco de violência, ter sido agredido por algum adulto da família, envolvimento em briga com uso de arma de fogo ou de arma branca – todas essas variáveis estavam presentes mais intensamente no dia a dia de pretos ou pardos (IBGE, 2019).

Em análise realizada por Luanda Botelho (2019), especialista do IBGE, as situações de violência vivenciadas no cotidiano dos jovens têm consequências. Os estudos demonstraram que os jovens expostos a estas situações tendem a ter depressão e apresentar piores resultados escolares, além de se envolverem em situações de violência no futuro.

No ano de 2015, 15,4% dos pretos ou pardos e 13,1% dos estudantes brancos do 9º ano do ensino fundamental não compareceram à escola por falta de segurança no trajeto casa-escola ou na escola, nos 30 dias anteriores à pesquisa. Mais da metade dos alunos pretos ou pardos (53,9%) estudavam em estabelecimentos localizados em área de risco em termos de violência, contra 45,7% dos brancos.

Como foi dito anteriormente, o Colégio onde foi realizada a pesquisa não está localizado em uma área de risco, ou grande vulnerabilidade social, pois está situado no centro histórico da cidade de Petrópolis. Contudo, muitos dos estudantes matriculados são oriundos de bairros com ausência de políticas públicas, com graves problemas relacionados à segurança pública, e com risco de deslizamento de encostas e inundações – além dos inúmeros alunos oriundos da Região Metropolitana, locais que têm as suas próprias mazelas sociais. Esses alunos enfrentam, em maior ou menor escala, situações de violência.

O que pode ser observado ao longo das conversas realizadas com os alunos dos 3 cursos (Regular, Áudio e vídeo e Química), é que os estudantes se esforçam para permanecer e concluírem seus cursos, porque acreditam que a escola, a educação e a conclusão da Educação básica possibilitarão, em certa medida, uma melhoria na qualidade de vida. Muitos familiares também apostam nessa premissa. Nos relatos, alguns alunos não apontam o ingresso no Ensino superior como uma possibilidade imediata, mas como algo para um futuro um pouco mais distante. Em alguns casos, percebi que tinham vergonha de dizer que não pretendiam cursar o Ensino superior. Como uma das estudantes mesmo falou: "*Aqui a maioria não vai continuar estudando, a gente tem que trabalhar*".

Outra questão recorrente na fala dos meus interlocutores de pesquisa foi a inexistência de discussões ou de projetos, por parte da gestão do Colégio ou mesmo de professores, que ajudem a vislumbrar possibilidades futuras. Segundo os alunos, alguns poucos docentes buscam incentivá-los ou levar pessoas capazes de debater esses temas com eles. Essa ausência de discussão ou de projetos que apresentem a Universidade e os diferentes cursos de graduação, por exemplo, faz com que muitos jovens acreditem que cursar o Ensino superior não é uma possibilidade.

No próximo capítulo buscarei desvelar o que é sucesso escolar do ponto de vista desses jovens, considerando que para muitos estudantes oriundos das classes populares, conseguir concluir o ensino médio já pode ser considerado um efetivo sucesso.

Após estas conversas iniciais foram selecionadas(os), com base no perfil e nas discussões desenvolvidas, 8 jovens para participar das conversas individualizadas que serão realizadas, os quais apresento no quadro a seguir, com os nomes alterados para que as identidades dos interlocutores (as) sejam preservadas:

Quadro IV – Perfil dos(as) interlocutores(as)

Nome	Autodeclaração	Curso	Turma
Elisa	Parda – mãe branca pai preto	Áudio e vídeo	3002
Marcelo	Preto – pais pretos	Áudio e vídeo	3001

Michelle	Preta – pais pretos	Química	3002
Natália	Preta – mãe parda, pai preto	Química	3002
Raiane	Preta – pais pretos	Regular	3004
Jessica	Preta – pais pretos	Regular	3003

Fonte: dados extraídos do arquivo pessoal da pesquisadora

No próximo capítulo buscarei desvelar o que é sucesso escolar do ponto de vista desses jovens, considerando que para muitos estudantes oriundos das classes populares, conseguir concluir o ensino médio já pode ser considerado um efetivo sucesso.

CAPÍTULO II

SUCESSO É SER ALGUÉM NA VIDA

Livre

[...] Minha família me faz querer vencer
Mas também me apoiam mesmo se eu perder
Pelo meu sonho, eu vou correr
Tudo que eu quero eu vou ter [...]

(Milene, Química, 2022).

Neste capítulo buscarei desvelar o que é "sucesso" considerando pontos de vista distintos, é captar as subjetividades da compreensão do "sucesso", priorizando os principais interlocutores: os alunos. A perspectiva da escola, materializada na concepção de professores e orientadoras, também será considerada, assim como a visão dos responsáveis pelos estudantes, apreendidas por meio das conversas realizadas com este grupo, capaz de compreender, por meio das relações cotidianas, os que seus pais julgam ser sucesso.

Mas como definir o "sucesso escolar"? Como chegar aos fatores, ou construções sociais que são apontados como determinantes para o sucesso? É possível compreender sucesso da mesma forma para estudantes negros e brancos? A letra da rap apresentado na epígrafe (Livre), é parte de um rap escrito por uma aluna da turma 3003 - Química, fala da ideia de sucesso atrelada à possibilidade de, por meio da educação, ter uma condição de vida melhor e, assim, conquistar capital econômico capaz de melhorar a vida de sua família, o que é uma perspectiva de sucesso muito particular. Mas será este o tipo de sucesso almejado pelos estudantes negros?

A etimologia da palavra sucesso vem do latim *successus,* chegar perto **de**, bom êxito, bom resultado, que deve ser alcançado sempre e não apenas uma vez. Configura-se como um *status* social para quem o alcança, principalmente se estiver relacionado à situação financeira do indivíduo.

E fracasso refere-se a desastre, desgraça, ruína, perda, mau êxito, malogro (DICIONÁRIO ONLINE DE PORTUGUÊS, 2022).

Dentro do contexto escolar, definir "sucesso" de alunos e alunas negras não se configura como tarefa das mais simples, pois não existe uma definição para "sucesso na vida", já que ele varia de acordo com os desejos e aspirações pessoais. Dito isto, definir sucesso escolar, apesar de possível, não é fácil, visto que os meios socioeconômicos, culturais e raciais trazem diversidade de entendimentos.

Como argumenta Gatti (2010), o "sucesso escolar" é visto por seus agentes da seguinte forma:

> Sucesso escolar é o processo pelo qual alunos percorrem os anos escolares em progressão crescente, desenvolvendo aprendizagens significativas relativas a conhecimentos selecionados historicamente como relevantes para a vida na sociedade contemporânea; resultado positivo relativo à aquisição de aprendizagens escolares. O processo de aprendizagem escolar não pode ser traduzido apenas por desempenhos em nível cognitivo. Implica um conjunto de aspectos de desenvolvimento da sociabilidade. A expressão diz respeito à escola, que tem uma função diferenciada nas sociedades atuais: a escola realiza concretamente o direito humano de instruir-se, ao mesmo tempo educando-se e formando-se para participar de uma civilização e da preservação da vida. Êxito no percurso escolar é êxito na apreensão de conhecimentos em sua relação com os modos de existência nas diversas formas societárias humanas (p. 1).

Na definição apresentada por Gatti, sobre sucesso escolar, nota-se uma posição ampla referente a educação, o que pode ser considerado como a visão dos educadores sobre a questão. Já a pesquisa bibliográfica realizada sobre o tema, relacionado aos estudantes negros, foi possível perceber um déficit de estudos que envolvam os alunos do ensino médio, já que grande parte refere-se às crianças do Ensino Fundamental ou aos graduandos negros do Ensino superior. Outro dado relevante é a falta de políticas públicas relacionadas aos estudantes negros do ensino médio, implementadas pelo governo federal, ou mesmo os estaduais, que vislumbrem a diminuição das retenções e evasões, para que estes alunos consigam concluir o ensino médio sem distorções idade série, como os estudantes brancos. Diante dos fatos expostos, é necessário analisar as categorias "fracasso" e "sucesso" conjuntamente para que as trajetórias dos alunos negros sejam compreendidas em profundidade.

De acordo com os estudos empreendidos por Maria Helena de Souza Patto, nos anos de 1980, registrados no livro: *A produção do fracasso escolar: Histórias de submissão e rebeldia*, análises aprofundadas, e ainda hoje pertinentes, desvelaram o longo percurso de construção histórico-social do fracasso escolar. A grande inovação à época foi a realização de uma pesquisa que ouvisse os estudantes, que eram vistos como meros objetos de estudo, e não como interlocutores. O discurso sobre as questões pedagógicas, problemas sociais, problemas médicos e psicológicos, integraram, e ainda integram, a gama de fatores que são atribuídos às razões pelas quais os estudantes das classes populares fracassam. Tais alegações giram em torno da falta de compromisso familiar, desinteresse pela cultura escolar, vulnerabilidade social, problemas de aprendizagem, falta de capital cultural e linguístico.

Quando a pesquisa de Patto foi realizada existia a crença de que havia alunos desmotivados por uma série de fatores, como problemas familiares, questões sociais, dificuldade de aprendizagem e problema psicológicos, fazendo com que estes alunos fracassassem – fato que levou ao questionamento sobre a ambiguidade entre estas teses e as práticas pedagógicas de uma escola desinteressante em seus métodos, incapaz de despertar o desejo de aprender dos alunos, sobretudo nas escolas das classes populares. Assim, na maioria das vezes, os fatores externos (sociais), e a falta de capital cultural dos alunos e suas famílias eram vistos como os responsáveis pelo fracasso escolar, e aos alunos, de uma maneira ou de outra, eram sempre os responsáveis pelo próprio fracasso (Patto, 2015).

Em Patto (2015), é possível compreender melhor as discrepâncias apontadas nos dados sobre fracasso, descritos pela autora:

> Essa maneira de pensar a educação e sua eficácia é marcada por uma ambiguidade: de um lado, afirma a inadequação do ensino no Brasil e sua impossibilidade, na maioria dos casos, de motivar os alunos; de outro, cobra do aluno interesse por uma escola qualificada como desinteressante, atribuindo seu desinteresse à inferioridade cultural do grupo social de onde os jovens provém. Essas interpretações do fracasso da escola são, ao nosso ver, inconciliáveis. Da maneira como estão enunciadas, não é possível nem mesmo afirmar que uma escola desinteressante vem se somar um aluno

> desinteressado; é uma simples questão de lógica: enquanto a primeira não melhorar, não se pode afirmar a falta de motivação como inerente ao segundo (p. 113).

Esta ambiguidade no discurso sobre o fracasso, na atualidade, não é mais tão recorrente, pois as teorias pedagógicas são outras, e os problemas ou teses para o fracasso encontram- se mais focados nos estudantes de todos os níveis da Educação básica. Dito isto, é preciso deixar claro que o objetivo desta pesquisa não é realizar buscas aprofundadas sobre as razões do fracasso; ao contrário: trata-se de pensar o sucesso escolar dos estudantes negras e negros, das classes populares, no ensino médio. Mas houve a necessidade de contextualizar o discurso sobre o fracasso escolar para que este também possa ser compreendido, em suas formulações, em relação aos estudantes negros e, posteriormente, ampliar o entendimento sobre o que é sucesso para este grupo a partir da análise de aspectos de suas trajetórias sociais e escolares. Adotarei aqui o entendimento de Bourdieu para explicar de forma sintética, trajetórias sociais que podem ser compreendidas como a objetivação das relações entre os agentes e as forças presentes no campo, o que resulta em algo diferente das biografias, pois, descreve a posição destes agentes no campo e nas relações sociais que se estabelecem de forma relacional (Bourdieu, 1998).

2.1 Fracasso escolar: é o que devemos esperar dos estudantes negros?

Na educação formal, os resultados obtidos pelas alunas e alunos são os balizadores do "sucesso" ou "fracasso escolar", passando por aprovações, reprovações e evasão escolar. Comumente, os progressos na aprendizagem ou mesmo as transformações que a educação é capaz de produzir nos estudantes não são considerados para fins de identificar o "sucesso" ou "fracasso escolar". Os estudos apontam que o fracasso escolar atinge em grande parte os estudantes negros, por fatores variados como vulnerabilidade social, aspectos socioeconômicos e o capital cultural – conceito criado pelo sociólogo Pierre Bourdieu, em meados dos anos de 1960, que trata das desigualdades de rendimento escolar entre os alunos das camadas populares, demovendo o foco das questões individuais como talento, aptidão ou dom, para as questões sociais (Piotto; Nogueira, 2021).

De acordo com Arroyo (1997, p. 12):

> Podemos partir da hipótese de que existe entre nós uma cultura do fracasso que dele se alimenta e reproduz. Cultura que legitima práticas, rotula fracassados, trabalha com preconceitos de raça, gênero e classe, e que exclui, porque reprovar faz parte da prática de ensinar-aprender-avaliar.

Nos apontamentos de Arroyo, a escola auxilia na produção do fracasso escolar e o mantém por acreditar que a estrutura funciona de modo excludente e seletivo, principalmente com se refere aos estudantes negros e aos das classes populares.

Considerando o conceito de "capital cultural" na perspectiva de Bourdieu, a escola, mesmo transcorridos tantas décadas ainda tende a valorizar a cultura das classes dominantes, o "capital cultural", justificando o fracasso escolar das classes populares a partir da ideia de "dom natural", pois, acredita-se que sem determinados elementos culturais, como "capital linguístico", não é possível obter "sucesso" na escola.

Ampliando mais o entendimento sobre "capital cultural", no artigo "Um balanço do conceito de capital cultural (2021), as autoras Piotto e Nogueira discorrem sobre a ampliação do conceito partindo do entendimento de pesquisadores franceses, que promovem, em certa medida, não só a ampliação, mas a atualização do que é "capital cultural". Para estes pesquisadores, na atualidade, possuir "capital cultural" implica em ter domínio sobre os diversos modos da cultual digital, o multiculturalismo, e o multilinguismo, sendo estas as novas formas de "capital cultural" (Piotto; Nogueira, 2021). Contudo, apesar da ampliação conceitual, o "capital cultural" permanece sendo uns dos propulsores de "sucesso" e fracasso escolar" dentro da cultura escolar, já que ele beneficia mais a uns sujeitos que outros. E assim, a escola perpetua seu ciclo de fracasso e abandono relativo aos estudantes negros das classes populares.

De acordo com a pesquisa realizada por Louzano (2013), ser preto aumenta a probabilidade de fracasso escolar em todas as regiões do país; em todos os níveis de educação, os negros tendem a repetir e abandonar a escola mais do que os colegas brancos e pardos. Essas informações confirmam que o fracasso escolar é mais expressivo entre estudantes negros.

Segundo Gonçalves e Silva, em seu artigo (2015), que discute a construção da negritude das crianças negras como uma alternativa para a construção do sucesso escolar, a pesquisadora expõe a gama de preconceitos que são atribuídos às crianças negras para que estas fracassem:

> [...] Essa distância tem levado a que se avalie o insucesso escolar de muitas crianças negras, erradamente, atribuindo-o desde a falta de preparo, capacidade, até à falta de acesso a livros, jogos eletrônicos, passeios, viagens. A falta de diálogo entre escolas, famílias, comunidades, movimentos sociais têm levado a imaginar, equivocadamente, que as vivências de crianças negras fora da escola muito pouco ou em nada podem contribuir para aprendizagens escolares (Gonçalves e Silva, 2015, p. 13).

Geralmente os estudantes negros estão em situação de fracasso ou baixo rendimento, e os estudos preliminares que realizei, observando a rotina escolar de professores e dos estudantes negros dos anos iniciais da rede pública de Duque de Caxias[11], que serviram como ponto de partida para a realização desta pesquisa, demonstraram que há um processo de naturalização por parte dos docentes em ver os estudantes negros em situação de fracasso, em acreditar que estudantes pretos e pobres não aprendem. E parte significativa dos estudantes dos anos finais do Ensino fundamental alegou já ter passado por alguma situação de discriminação – ainda que não percebessem essa discriminação como uma manifestação do racismo estrutural – e acreditavam que o fato podia ter influência sobre a aprendizagem e nos resultados escolares.

Já na pesquisa com os estudantes do ensino médio o panorama apresentado pelos dados preliminares, extraídos dos documentos escolares, não é diferente: a maioria dos alunos com bons resultados são de meninas brancas, depois as meninas pardas, meninas pretas, e na seleção alguns poucos meninos pretos, como pode ser verificado no Quadro II. Corroborando com as pesquisas aqui apresentadas, a Professora Cássia, mulher preta que leciona Biologia no Colégio D. Pedro II para as turmas do AV e regular, compreende que um dos pontos que contribuem para o fracasso escolar dos estudantes negros é a falta de exemplos positivos de outras pessoas negras, além da falta de perspectiva de futuro, como pode ser observado no trecho a seguir:

> Pesquisadora: *O que você acha que faz ter tantos alunos negros nessa situação de fracasso?*

[11] Foi realizada uma pesquisa em uma escola da rede municipal de Duque de Caxias, que utilizou como metodologia estudo bibliográfico a fontes variadas, e uma investigação de campo com professores dos anos iniciais e finais do Ensino Fundamental. O estudo objetivou buscar meios de discutir as questões étnico-raciais no ambiente escolar, possibilitando o surgimento de alguns dados importantes que emergiram neste contexto.

> Professora Cássia: *Eu acho que primeiro é a falta de exemplo. Primeira coisa, se você não tem um exemplo, se você não tem um alvo, se você não vê que pode chegar lá, é muito difícil sozinho. Adolescente. As questões hormonais, as questões sociais, as questões econômicas você ainda achar que você pode chegar num lugar que você não sabe que existe. Como você vai chegar num lugar que você não sabe que ele existe? Então quando você tem um exemplo, quando pensa como ele chegou ali, como é que eu faço pra chegar lá também? Será que eu gostaria de me imaginar naquele lugar? É muito importante, é muito, exemplo é muito importante, né?! E aí assim, o apoio. Então, assim, eu sei que eu posso chegar lá, eu sei que existe um lugar, que eu posso me colocar nesse lugar? Como é que eu faço pra chegar lá? E aí se você tem uma família que menospreza e fala que isso não é importante, se eles não te dão ajuda quando olha agora eu preciso fazer uma pesquisa, e a família não te ajuda pra que esse momento de pesquisa aconteça, também fica muito difícil. Se o seu entorno dificulta você caminhar até lá você pode até chegar lá, mas você vai chegar não vai demorar mais tempo pra chegar nesse lugar! Vai ser mais doloroso esse caminho até lá! Então é uma coisa que me, me machuca muito, é a falta de perspectiva que leva a situação de fracasso* (Cássia, Professora, 2022).

A fala da professora Cássia indica alguns fatores para a compreensão de como o fracasso escolar de estudantes negros se estrutura ao longo de suas trajetórias; contudo, esses não são os únicos fatores que incidem em suas trajetórias escolares – não raro tortuosas, com muitas ausências. Ausência de futuro; de oportunidades educativas; de possibilidades de permanecer na escola, que em tempos anteriores à pandemia já assolava muitas famílias e que aumentou consideravelmente com a perda de renda e dos problemas sociais atrelados ao fato.

A escola, atribui aos estudantes negros o próprio fracasso, pois, como apontado anteriormente por Gonçalves e Silva (2015), as experiências vividas pelos estudantes negros não são consideradas, ou vista como relevantes. Os estudantes são vistos como desprovidos de capital cultural necessário para que aprendam os conteúdos escolares, que estão diretamente atrelados à cultura das classes dominantes. A educação escolar mantém seu caráter elitista e etnocêntrico, e não levou em consideração a ampliação do acesso às classes populares. E desde o período da expansão, em meados da década de 1980, todas as reformulações nas propostas e currículos oficiais, principalmente nas escolas públicas, mantiveram este caráter elitista, não privilegiando os saberes produzidos pelas classes populares, dificultando, assim, a permanência e "êxito" destes jovens.

No ano de 2018 foi realizada uma pesquisa pelo Fundo das Nações Unidas para a infância (UNICEF), sobre índices de reprovação dos estudantes do ensino fundamental e ensino médio; dos 2,6 milhões de alunos matriculados nas escolas públicas de todo país, 46,41 % são negros (pretos e pardos). Apesar de os pardos comporem o maior grupo do ponto de vista do critério cor/"raça", entre a população estudantil, as pretas e pretos são os que têm a mais alta taxa de reprovação: eles representam 3,9% do total de alunos, mas respondem por 5,8% das reprovações. O levantamento foi feito com base nas informações das matrículas nas escolas públicas estaduais e municipais brasileiras, extraídas do censo escolar de 2018.

A reprovação faz com que os estudantes acabem atrasados em relação aos colegas da mesma idade. Em 2018, segundo o Unicef, o Brasil tinha 6.474.641 alunos com dois ou mais anos de atraso escolar. Isso representa 22% do total de matrículas nos três níveis de ensino, corroborando com os dados obtidos pelas pesquisas relacionadas ao tema, que indicam os estudantes negros como os mais propensos ao fracasso escolar devido à discriminação presente nas estruturas escolares, fazendo com que os jovens sintam as diferenças nas oportunidades educativas.

Na tese defendida por Sandra Marcelino sobre insucesso e sucesso escolar (2019), a pesquisadora observou que:

> Os principais resultados indicam que se estudantes negros tivessem os mesmos recursos dos brancos, diferenças de desempenho diminuiriam em quase 50%, e se tivessem os mesmos retornos educacionais, as desigualdades diminuiriam mais de 40%. No entanto, apesar dessas alterações, o peso da cor da pele sustenta uma desigualdade efetivamente mantida mesmo em situações equivalentes entre brancos e negros (Marcelino, 2019, p. 45).

Este é um dado que precisa ser considerado e repensado nas práticas educativas, para que possa haver equidade no sistema educacional. O insucesso é o que se espera deste grupo de alunas e alunos que são estereotipados como "bagunceiros", "desinteressados" e "problemáticos". Alunos que mesmo passando por todas as questões mencionadas, conseguem construir estratégias e trilhar caminhos que, mesmo não sendo considerados como êxito escolar convencional, possibilitam que concluam o ensino médio e obtenham resultados positivos. Dessa forma, considerando outras formas de "sucesso escolar", é possível esperar que jovens negros quebrem o ciclo de repetências e abandono.

No trecho apresentado a seguir, da fala dos alunos da turma 3002 do curso do AV, percebemos outra perspectiva de sucesso que ultrapassa as definições tradicionais fica explicitada:

> Pesquisadora: *O que é sucesso pra vocês? O que é ter sucesso?*
>
> Elisa: É quando a gente se sente bem. Igual ele falou, sentir feliz, sentir confortável, alegre. E você chega onde você sempre quis, né? Por exemplo, a gente sempre fala que tinha todo mundo aqui é unido, a gente realmente tem uma família.
>
> Marcos. *Então acho que essa sala é uma sala de sucesso, porque a gente pode conversar o que a gente quiser, a gente pode é ah estou mal. A gente vai, a gente vê que a pessoa está mal. Então a gente vai lá, conversa, dá abraço, a gente sabe então acho que isso é sucesso pra mim* (Turma 3002, AV, 2022).

O recorte apresentado mostra um novo olhar das estudantes negras e negros, pois nesta turma (3002, AV), a maioria dos estudantes são negros e participaram das conversas propostas por mim. Na turma não havia estudantes em situação de fracasso escolar: ainda que nem todos obtêm notas muito acima da média dos 6,0 pontos, nenhum tem problemas sérios no rendimento. Dessa forma, por esta ótica, o fracasso não é o que se espera deste grupo de estudantes negras e negros.

2.2 E afinal, o que é sucesso? Vamos conseguir alcançar?

Ter sucesso é ter armário e geladeira cheios!

(Michelle, Química, 2022)

Analisar o ponto de vista de alunos e de professores sobre "sucesso", foi uma das tarefas das mais complexas da pesquisa. Primeiro, por se tratar de uns dos pilares do estudo, compreender o que é sucesso para estudantes, escolas e suas famílias; segundo, porque queremos compreender como as trajetórias de sucesso dos estudantes negros se constituem, ponto que será abordado em outro capítulo deste trabalho.

Na primeira etapa da pesquisa, empreendemos uma investigação inicial para descobrir quais eram os alunos com melhores rendimentos escolares. Essa investigação foi o ponto de partida do trabalho, pois possibilitou identificar quais destes alunos eram pretos ou pardos. Destarte, foi possível constatar que partindo desta perspectiva de sucesso, atrelada às notas e bons rendimentos, a maioria dos que alcançam estes resultados são alunas e alunos brancos. Mas qual será a concepção de sucesso encontrada neste percurso?

Na pesquisa realizada por Bernard Lahire, nos subúrbios de Lyon (França), no ano de 1991, com o objetivo de entender quais eram os fatores determinantes para o sucesso escolar das classes populares, o pesquisador fez considerações que podem ser relacionadas a esta pesquisa – embora seu estudo tenha sido realizado com crianças da 2ª série primária francesas (o que equivale ao nosso atual 3º de escolaridade do Ensino fundamental), com filhos de imigrantes de países da África, e não ter como foco as questões raciais. Houve o entendimento que para a construção do sucesso é necessário compreender uma série de singularidades e hipóteses, dentre elas que não existe uma única maneira de se obter "sucesso escolar", pois os estudantes podem obter "êxito" em aspectos distintos (resultados, ou deixando explícito que dominam as regras da cultura escolar), como pode ser observado no trecho a seguir:

> Estes diferentes modelos implícitos ou explícitos de "sucesso" (que cada pesquisador, segundo sua própria trajetória social, tem tendência a universalizar) tendem a fazer esquecer que as combinações entre as dimensões moral, cultural, econômica, política, religiosa podem ser múltiplas... e que os graus de "êxito" comparáveis sob o ângulo dos desempenhos, dos resultados podem esconder às vezes estilos de "sucesso" diferentes. E se podem existir estilos diferentes de "êxito" é porque a escola primária propõe objetivamente, por seus múltiplos aspectos, uma relativa heterogeneidade de modelos de "sucesso" escolar ("sucesso" através do ofício de aluno ou de desempenhos brilhantes, através de qualidades literárias ou científicas, em uma forma "tímida" ou "arriscada", "rigorosa" ou "criativa"...) (Lahire, 2008, p. 31).

E são estas múltiplas formas de "sucesso", que o autor cita no fragmento apresentado, que foram surgindo ao longo de toda a pesquisa nas falas dos interlocutores estudantes, professoras e equipe técnica. Os estudantes criam estratégias baseados em suas experiências individuais e coletivas, burlando as dificuldades e construindo suas trajetórias – e alcançam o que consideram, de seus respectivos pontos de vista, "sucesso".

2.2.1 A permanência na escola e o "sucesso escolar"

Muitas foram as dificuldades enfrentadas pelos estudantes do ensino médio para permanecerem no Colégio; como mencionado anteriormente, a pandemia da Covid-19 aumentou muito as desigualdades e os problemas sociais. O desemprego e a perda de renda assolaram várias famílias, e estes foram problemas abordados de forma recorrente pelos estudantes que participaram das conversas.

Uma questão muito mencionada nas conversas com os alunos, principalmente dos cursos técnicos (ofertados em tempo integral), foi a troca de curso por outros jovens, passando para o regular para que pudessem trabalhar. As professoras entrevistadas mencionaram o grande esvaziamento das turmas da 3ª série do turno da tarde, já que grande parte das ofertas de trabalho ocorrem no período entre tarde e noite, impossibilitando, assim, a permanência no ensino médio neste turno e, consequentemente, sua conclusão.

O retorno às atividades presenciais foi considerado como dificuldade para alguns jovens, segundo fala da Prof.ª Cássia, pois para os alunos do Regular, estava "mais fácil" apenas entregar as atividades, já que optaram pela retirada das apostilas com os conteúdos na escola. Os estudantes devolveriam o material, e assim seriam aprovados sem grandes esforços. Este dado demonstra uma falta de interesse dos alunos sobre os conteúdos que foram ensinados pelos professores e com a própria aprendizagem. Demonstra também um entendimento, por parte dos alunos, que não há vinculação destes conteúdos que foram elencados nas apostilas, com a realidade vivida e sua aplicabilidade em suas vidas.

Nos cursos técnicos boa parte dos estudantes, cerca de 40%, são oriundos da Baixada Fluminense, principalmente de Duque de Caxias e Magé – e os estudantes narram as dificuldades de deslocamento que enfrentam diariamente. Eles saem de suas residências às 5h/5h30min e retornam por volta das 20h/21h. Com esta jornada extenuante, resta pouco tempo para o convívio familiar e mesmo para a realização das tarefas dos cursos, fazendo com que em alguns momentos seja necessário faltar às aulas para a realização dos trabalhos. Estes estudantes enfrentam ainda os problemas com o transporte público; conforme explicam, às vezes os cartões não são recarregados pelo setor responsável na rede estadual, os motoristas não aceitam as declarações escolares que comprovam a matrícula, obrigando as famílias a dispenderem recursos financeiros para a passagem dos estudantes. Parte rotina descrita pode ser constatada nos trechos a seguir:

> *Sthefany Um exemplo do pessoal da baixada. A gente passa a maior parte do tempo ou descendo a serra de ônibus, dentro do ônibus em pé. Aí a gente chega em casa ou você come ou você dorme? É assim.*
>
> *Luan: Eu levanto muito cedo, 4 horas da manhã, aí eu pego o ônibus de 5h, chego aqui às 7h, saio 17h, às vezes eu pego de 19h 40 min., chego em casa 20h, 20h 30min., pra tomar banho, estudar, comer e dormir. A gente também. A gente não tem o tempo que precisa pra estudar pro seminário, a gente precisa escolher um dia pra faltar. Aí só falta aula*
>
> *Luís Gustavo: Eu moro em Piabetá, é perto, mas o ônibus pra chegar é ruim, é difícil. É precária, a serra é muito precária. É difícil, é muita emoção, só porque eu tô falando sério. É pior do que a montanha-russa. Conseguimos pegar o ônibus das 19h 40min., 19h 50min, e a gente chega em casa só uma 20h 30min, as vezes quase 21h, é cansativo, muito cansativo, ainda mais quando tem aula 7h da manhã no outro dia* (Turmas 3002 Química e 3002 Áudio e Vídeo, 2022).

As falas apresentadas são um pequeno recorte das dificuldades enfrentadas pelos estudantes que estão em tempo integral no Colégio. É possível dizer, após a realização das conversas, que estes "perrengues", como eles se referem, são encarados com certo bom humor. Houve momentos em que meus interlocutores chegaram a dizer que: "*sem sacrifício a gente não chega a lugar nenhum, depois que acabar tudo a gente descansa*" (Sthefany, 3002 Química, 2022).

Para as alunas e alunos do curso Regular as dificuldades encontradas, na maioria das vezes, não passam por questões de transporte, mas pela necessidade de trabalhar para auxiliar na renda familiar, diminuindo a expectativa de ingresso no Ensino superior logo após a conclusão do ensino médio. De acordo com as falas dos próprios alunos, uma grande parte não irá dar continuidade aos estudos – falta perspectiva, um olhar para o futuro e projetar expectativas de carreiras e melhorias na qualidade de vida, como é possível constatar nos trechos extraídos das conversas na turma 3003 do curso regular:

> Pesquisadora: *Como a família de vocês vê a escola? O estudo?*
>
> Jéssica: *Porque* é importante, entendeu? É importante estudar, né? Pra nós tentar ser alguém na vida, né? Mas não vai ser, né? Porque tá tudo cada vez mais difícil. Por que *cê acha que a maioria não vai ser alguém na vida. Porque eu acho que a maioria aqui não vai ser.*
>
> Pesquisadora: *Por que você acha isso?*
>
> Jéssica: *Eu estou falando do contexto geral, tá gente? Escola geral, entendeu? Não estou falando, aqui só na turma não. Ué, porra, dificuldade na caminhada, cara. A maioria não vai continuar por ter que trabalhar, por ter que fazer alguma coisa. Então, a maioria vai deixando isso cada vez mais pra lá (estudar). Pois é. Acaba que vai desistir. Entendeu?!*
>
> Cauã: *Com certeza!* (Turma 3003, Regular, 2022).

O conteúdo dessas falas aqui transcritas não surgiu apenas na turma 3003 do curso regular; surgiu também na turma 3004 e as professoras entrevistadas, Cássia e Andreia, disseram ouvir dos alunos que muitos terão que trabalhar e, portanto, não têm expectativas em prosseguir com os estudos. Muitos não têm ideia de graduações futuras que poderiam cursar, e das possibilidades que a cidade de Petrópolis pode oferecer no que diz respeito a cursos superiores, e carreiras. As possibilidades de acesso ao Ensino superior são díspares, e esta variação se deve à falta de condições financeiras e de perspectiva de quebrar do ciclo das desigualdades vividas pelos jovens das classes populares.

Bourdieu ajuda a elucidar a questão quando discute em seu texto: A escola conservadora (2007), as possibilidades de acesso e permanência em cursos de graduação, que são escassas para os estudantes dos estratos sociais mais baixos. Para o referido autor, o discurso de que a educação possibilita mobilidade social é falacioso, e, na verdade, a escola serve como forma de perpetuar as desigualdades sociais, considerando que as oportunidades oferecidas pelos estudos, têm uma relação direta com a posição social ocupada de acordo com a classe social em que os sujeitos ocupam, sendo possível compreender melhor a questão da manutenção das desigualdades e do que Bourdieu chamou de "destino social", no seguinte trecho:

> As atitudes dos membros das diferentes classes sociais, pais ou crianças e, muito particularmente, as atitudes a respeito da escola, da cultura escolar, e do futuro oferecido pelos estudos são, em grande parte, a expressão do sistema de valores implícitos ou explícitos que eles devem à sua posição social (Bourdieu, 2007, p. 42).

Estas considerações apresentadas, remetem a fala da Prof.ª Cássia: "*Como você vai chegar a um lugar, se você não sabe que ele existe?*" Esta fala remete à falta de perspectiva, mas também sobre o "destino social", dos jovens negros, das classes populares. Embora como mencionado anteriormente, os pais dos estudantes acreditam na mobilidade social proporcionada por meio da educação, principalmente quando comparam a situação dos filhos na escola, com a de outros membros do núcleo familiar que não conseguiram concluir a Educação básica e estão na informalidade ou desempregados.

Considerando Lahire (2008), sobre as variáveis do "sucesso", conseguir subverter a ordem do que está posto como "destino social", pode ser considerado como uma forma de sucesso, já que para muitos destes alunos, não cursar o ensino superior é o mais provável; assim, para os estudantes negros que completam o ensino médio, e dão prosseguimento aos estudos em nível superior, é uma ruptura com "destinos sociais".

A falta de políticas públicas voltadas para o ensino médio, por parte dos governos federal e estadual, aliados a reforma desta etapa da educação básica (Novo Ensino Médio)[12], que será implementado no ano de 2023, limita ainda mais as oportunidades. Visto que a referida reforma será implementada apenas nas escolas públicas, ampliando ainda mais as desigualdades educacionais entre a educação pública e a privada, aumentando as dificuldades de acesso às universidades públicas, que permaneceram sendo frequentadas, em sua maioria, por estudantes oriundos das instituições privadas. Aos estudantes das classes populares que conseguirem dar prosseguimento à formação, caberá, apenas, os cursos em instituições privadas de Ensino superior e em graduações de pouco prestígio social.

As políticas de ações afirmativas precisam ser ampliadas abrangendo a Educação básica, principalmente os jovens do ensino médio. É preciso assegurar a esta parcela da população a aquisição de uma bagagem de conhecimentos com os quais ela, independentemente dos programas de inserção no ensino superior, conquiste a entrada em universidades públicas (Oliveira, 2015).

Em Oliveira (2015), é possível assimilar como as desigualdades no sistema de ensino prejudicam os jovens do ensino médio:

> Não se justificam as desigualdades entre brancos e negros pelo discurso do mérito, pois pode-se com facilidade identificar que as desigualdades impõem aos jovens negros um rendimento no cenário educacional bem inferior aos jovens brancos, impondo àqueles não só uma quase impossibilidade de acesso ao ensino superior, mas para nós, principalmente, o não aproveitamento com qualidade de uma etapa da educação básica, fundamental para o desenho do projeto futuro desses jovens, seja para continuidade dos estudos, seja para a inserção imediata no mercado de trabalho (p. 316).

[12] A Lei n.º 13.415/2017 alterou a Lei de Diretrizes e Bases da Educação Nacional e estabeleceu uma mudança na estrutura do ensino médio, ampliando o tempo mínimo do estudante na escola de 800 horas para 1.000 horas anuais (até 2022) e definindo uma nova organização curricular, mais flexível, que contemple uma Base Nacional Comum Curricular (BNCC) e a oferta de diferentes possibilidades de escolhas aos estudantes, os itinerários formativos, com foco nas áreas de conhecimento e na formação técnica e profissional. Os itinerários formativos são o conjunto de disciplinas, projetos, oficinas, núcleos de estudo, entre outras situações de trabalho, que os estudantes poderão escolher no ensino médio. Os itinerários formativos podem se aprofundar nos conhecimentos de uma área do conhecimento (Matemáticas e suas Tecnologias, Linguagens e suas Tecnologias, Ciências da Natureza e suas Tecnologias e Ciências Humanas e Sociais Aplicadas) e da formação técnica e profissional (FTP) ou mesmo nos conhecimentos de duas ou mais áreas e da FTP (Portal MEC, 2022).

Tais desigualdades não serão sanadas – e, sim, ampliadas – considerando a reforma do ensino médio que não oferecerá a todos os estudantes os conhecimentos necessários para realizar provas como o Exame Nacional do Ensino Médio/Enem, e, provavelmente não será elaborado com vistas a atender os itinerários formativos disponibilizados nas escolas públicas, mas permanecerá atendendo aos interesses do setor privado da educação, gerando assim mais exclusão e desigualdades, já que a reforma curricular será para os colégios da rede públicos e não para as instituições privadas. Como o "novo ensino médio" foi implementado na rede pública no ano de 2022, no momento da escrita do texto não havia pesquisas realizadas sobre os efeitos da reforma no Enem.

Todos estes entraves elencados aos quais os estudantes do ensino médio são submetidos – como as dificuldades cotidianas, problemas socioeconômicos e reformas curriculares falaciosas, que diminuirão ainda mais as possibilidades educacionais – para permanecer no Colégio e concluir o curso em que estão matriculados, fazem com que o término do ensino médio, independente das notas obtidas ao longo das trajetórias escolares, pode ser considerado "sucesso", "êxito", para este grupo e suas famílias, que acreditam que terminar a Educação básica poderá oferecer oportunidades de empregos melhores e condições de vida mais dignas. Esta visão de sucesso acompanha principalmente as alunas e alunos dos cursos técnicos, que poderão ingressar no mercado de trabalho após a conclusão.

As famílias destes estudantes fazem um investimento na formação escolar, acreditando que as filhas e filhos terão mais oportunidades na vida, acreditam que terão empregos menos duros, com mais dignidade. De acordo com Lahire (2008), mesmo que algumas famílias não tenham condições de priorizar a educação dos filhos, e que os estudantes, em muitos casos, necessitem trabalhar para compor a renda familiar, mas, entendem que a escola serve para ensinar uma profissão aos filhos que não seja "suja e "dura" e evitar o desemprego, alcançando assim "sucesso".

2.3 Sucesso no colégio, sucesso na vida, é isso que buscamos

Nas muitas conversas realizadas ao longo da pesquisa, com alunas, alunos, professoras, funcionários, quase sempre encerrávamos buscando compreender qual era a ideia de "sucesso" do grupo ou dos interlocutores isoladamente, e, muitas perspectivas sobre este substantivo foram apresentadas. Em alguns momentos, quais os caminhos deveriam ser trilhados foram apontados pelos jovens, alguns com esperança, e outros com receios, incertezas, mas todos com algum ideal em mente.

Para os estudantes o sucesso na vida está desvinculado do "sucesso" na escola, haja visto que o "sucesso" na escola está diretamente atrelado aos resultados obtidos, só tem sucesso que tira boas notas. O resultado expresso numericamente na avaliação é o resultado do esforço individual, e em alguns casos coletivos, uma espécie de recompensa pelo esforço empreendido. As falas em destaque dos alunos da turma 3002 AV, ilustram bem o conceito de "sucesso" para este grupo:

> Pesquisadora*: Vocês colocam sucesso de uma forma geral. Mas quando é pra pensar no sucesso individual de vocês, aí vocês pensam na nota. Repararam nisso?*
>
> Marcos*: Sim. Eu falei tudo bem legal. Tava incentivado também a pensar na hora né? A gente só pensa nisso porque a escola, ela incentiva ela gosta, porque na prática é a nota. O nosso desempenho vem da nossa nota alta.*
>
> Elisa*: Só se esforça pra ter a nota, tipo, a maioria das vezes não tá se esforçando pra aprender realmente. A escola tecla, ela é tipo assim, a nota é o sucesso. Eu acho que muitas vezes, eu vou falar que é todo mundo assim a gente decora pra passar de ano, então a nota é o sucesso. Não. Porque até porque tipo se você acaba se tornando assim o ambiente mais social do que de aprendizado.*
>
> Luís Augusto*: Na escola a gente vem mais pra socializar, pra brincar. E num trabalho você não vai ter tipo a nota assim. Tudo bem que vão te comparar com o trabalho. Ai você agora é gerente ou então você agora, é gerente coisa e tal. Dentro de um trabalho o gerente fala pro Rogério, poxa, hoje você tá nota dez. Aproveita. Eu vejo a nota, no caso. Hoje você fecha. No caso eu vejo o trabalho. Eu vejo a nota é como no trabalho.*
>
> Marcos*: Tipo ó, cê foi bem nesses dois meses aqui o seu salário, aí tá lá dez, oito, é o emprego. Trabalha assim, né? Cê trabalha em prol do salário. Certo? A gente vai, a gente trabalha pra ganhar o valor. A gente estuda pra ganhar nota.*
>
> Pesquisadora*: Mas necessariamente pra vocês não reflete sucesso essa nota?*

> Luís Augusto: *Não, mas pra chegar nele, né? Porque primeiro a gente tem que passar pela escola, pra depois chegar no dia de espera, a gente tem que ser o sucesso que vem de cada um também, porque teve gente que nunca completou o ensino médio, enfim, mas tem o sucesso dele. Então, tipo, muitos jogadores, cantores. Então, o sucesso vem de cada um, sabe?* (Turma 3002 AV, 2022).

Os estudantes indicam a importância na nota na cultura escolar, ratificando o estereotipo de que se estuda para obter as notas no final, e não conhecimento. Que a recompensa pelo esforço é a nota, o bom resultado; e para se obter "sucesso na vida" é preciso passar pela escola. Nas conversas, a conclusão do ensino médio sempre figura como o momento em que "o sucesso vai chegar", comprovando que a conclusão desta etapa da escolarização vai ser vista como alcance do "êxito" tão aguardado. A compreensão do "sucesso" como algo mensurável em notas, corrobora com a definição de Gatti (2010), ao elencar os elementos que constituem o "sucesso acadêmico" defendido pelas instituições escolares, relacionando a aprendizagem dos conteúdos curriculares, com ênfase nas competências cognitivas. Os conteúdos são a base para as avaliações que irão aferir o "sucesso" ou "insucesso", desconsiderando todo o tecido social que permeia os estudantes, não sendo possível reduzir a escola apenas a aquisição de conteúdos e normas de conduta.

Durante as escutas realizadas, todos os estudantes disserem não terem pais que cursaram o Ensino superior; apenas 2 alunas disseram ter irmãos que concluíram a graduação, muitos pais cursaram o Ensino Fundamental e alguns o ensino médio na modalidade EJA. Assim, a conclusão da escolaridade dos filhos, sem atrasos escolares, acaba sendo um motivo de grande orgulho para os pais. E a baixa escolarização dos familiares não impacta negativamente a trajetória dos alunos que apresentam bons resultados e conseguem permanecer na escola.

A percepção sobre o que é ter "sucesso individual" ou "sucesso na vida" (como os alunos costumam se referir) varia pouco de acordo com os cursos. Para os estudantes do AV a definição passa por estar bem, ser feliz, ter saúde mental e conquistar os objetivos a que se propuseram. Eles disseram ter potencial para se tornarem "bons alunos", mesmo os que têm notas acima da média, acreditam que há o que melhorar, já que o sucesso é uma questão de esforço pessoal, de mérito, no entendimento dos alunos. Endossando uma visão de educação que acredita que a meritocracia funciona de formar a revelar talentos, pois, todos têm as mesmas oportunidades dentro da escola, no entanto, nem todos conseguem se apropriar destas oportunidades, por razões diversas (segundo o ponto de vista dos próprios estudantes).

Na pesquisa bibliográfica realizada por Soares e Baczinski (2018), sobre meritocracia no sistema escolar, fica evidenciado que há uma crença de que, na escola, o sucesso depende da vontade e do trabalho, mesmo com a presença de evidências mostrando que vários fatores interferem no sucesso ou insucesso escolar do estudante, incluindo o grupo social ao qual ele pertence. Existem estudos que demonstram que os professores dão melhores notas as crianças que explicam seus comportamentos com base em causas internas (suas aptidões, sua personalidade e, especialmente, seu esforço), quando comparadas àquelas que explicam seus comportamentos com base em causas externas (dificuldades, chances, interferência e outros). Este modelo meritocrático permite a preservação das hierarquias sociais, em que os estudantes que possuem mais apoio familiar, e algumas características como: bom comportamento, aceitação das normas escolares, e, até mesmo melhores condições de investir na escolarização, princípios valorizados pela cultura escolar, tendem a obter "sucesso escolar".

Segundo Soares e Baczinski (2018):

> Dessa forma, a meritocracia é utilizada pelas classes dominantes como uma forma de perpetuar-se no poder, aproveitando-se da baixa capacidade crítica dos grupos sociais menos favorecidos, que aceitam essa condição como sendo algo natural e levando-os não só a aceitarem a meritocracia como também a defendê-la. (p. 42).

Esse ideário do "sucesso" atravessado pela meritocracia faz parte das concepções escolares, e estão arraigadas nas práticas de professores e nas atitudes e falas dos alunos, como pode ser observado ao longo de toda pesquisa. Esta visão da meritocracia como a propulsora de sucesso figura entre os estudantes de todos os cursos; porém, é mais forte e presente quando a discussão abordava a construção do "sucesso pessoal".

Nas turmas de Química, as alunas e alunos se referiram ao "sucesso" como objetivos alcançados; contudo, o diferencial são os objetivos, que para alguns alunos são atravessados por "dar uma vida melhor para a família". A aluna Milene da turma 3003, nas escutas individuais disse: "*sucesso é ter armário e geladeira cheios*". A aluna ainda refletiu sobre a situação precária em que sua família estava, com pais desempregados, recebendo ajuda de familiares e vizinhos, e que a situação só melhorou em razão da tragédia ocorrida em fevereiro de 2022, pois sua comunidade recebeu muitas doações de alimentos, os quais ajudaram a melhorar a situação de precariedade alimentar de sua família. Estas falas refletem a situação socioeconômica a que estes alunos estão submetidos, mas, ainda assim, pensam em cursar o Ensino superior, acreditando que este será o caminho para uma estabilidade financeira e o "sucesso" será de fato alcançado.

Entre a relação de desejos e/ou sonhos, surgiram coisas como viajar, ter boas roupas, ser famoso e ganhar muito dinheiro. Mas para os jovens que cursam Química, o grande desafio apresentado para alcançar estes desejos (segundo os apontamentos realizados por eles), será ingressar no mercado de trabalho após a conclusão do curso, já que a pandemia gerou uma defasagem nos conteúdos que deveriam ser aprendidos das áreas técnica e prática, pois estas disciplinas e procedimentos foram ofertados de forma remota, dificultando o entendimento. Dessa forma, para boa parte dos estudantes, a saída possível será trabalhar em outras áreas e guardar dinheiro para que possam, com as economias, ingressar em uma graduação.

Durante o decorrer da pesquisa ficou muito evidente como a pandemia afetou as oportunidades e, consequentemente, a perspectiva de sucesso dos jovens. Os concluintes que antecederam o período pandêmico saíram com um conhecimento técnico mais sólido e puderam ingressar no mercado de trabalho em sua área de formação, de acordo com as informações prestadas pelas professoras entrevistadas. Como mencionado anteriormente, como grande parte dos alunos são oriundos da região da Baixada Fluminense, o polo industrial da região absorvia esta demanda de técnicos; mas com todos os reveses sofridos por este grupo de concluintes de 2022, o futuro se tornou incerto, impondo mudanças no panorama e, consequentemente, nas concepções de "sucesso".

No que tange os estudantes do Regular, é perceptível uma falta de grandes expectativas. Muitos alunos já trabalham, alguns no setor informal, como 2 meninas que são manicures, 3 meninos que têm ocupações temporárias e 3 outros, uma menina e 2 meninos, que possuem trabalhos formais em empresas e um curso. Todos os estudantes que trabalham apresentam queixas e alegam que a ocupação acaba atrapalhando um pouco os estudos.

Para analisar melhor a relação dos estudantes com o mundo do trabalho, o trecho em destaque do texto de Corrochano (2014), Jovens no ensino médio: Qual o lugar do trabalho?, indica caminhos para a compreensão de como esta relação se processa:

> No Brasil, assim como em outros países da América Latina, a transição para o trabalho depois de finalizada a escolaridade básica não é uma realidade, e duas características importantes marcam a relação entre escola e trabalho no país: o ingresso precoce no mercado e a conciliação ou superposição de estudo e trabalho. Aqui, boa parte dos jovens envolve-se com o trabalho e, especialmente, com os *bicos* desde muito cedo, mobilizando múltiplas estratégias para *ganhar a vida*. Desde os anos 1980, vários estudos já evidenciavam que o processo de expansão do ensino não havia retirado o jovem do mercado de trabalho. É o jovem trabalhador que se torna estudante (p. 214).

Na atualidade, muitos jovens não estão mais situação de trabalhadores que são estudantes, mas sim o contrário. A situação econômica do país fez com que os jovens fossem obrigados a buscar fontes de renda, e acabassem por evadir da escola pela necessidade de trabalhar, como pôde ser notado nas visitas pelo Colégio. As turmas do ensino Regular, do turno da tarde, estavam bastante esvaziadas, muito alunos que estavam em busca de trabalho só conseguiram no horário em que estavam matriculados, obrigando-os a abandonar a escola. Como mencionado no texto de Corrochano (2014), a realidade destes jovens é a informalidade, ainda mais se for considerado o contingente de desempregados, que gira em torno de 10,1 milhões de brasileiros, segundo os dados do IBGE.

Entre as meninas que tem ocupações informais, há as que são manicures; uma delas, Larissa, que apresenta um bom rendimento escolar, na conversa individual disse pretender cursar uma faculdade, pois seu irmão mais velho é formado em Administração e a mãe possui ensino médio completo. A jovem alega que sua família a apoia e querem que ela também curse o Ensino superior. O dado interessante é que para Larissa, sucesso é continuar estudando, ter um bom emprego, e se casar, que é compreendido como parte do sucesso para a jovem. O casamento é algo muito importante e denota sucesso pessoal, entre as meninas evangélicas; para outras 2 entrevistadas que professam a mesma fé, o casamento surgiu na conversa como uma das conquistas e uma maneira de ser "bem sucedida".

Em seu livro "Para educar crianças feministas", a escritora nigeriana Chimamanda Adichie (2017), reflete sobre como o casamento é posto como forma de realização, como é possível observar no trecho em destaque: "Nunca fale do casamento como uma realização. Encontre formas de deixar claro que o matrimônio não é uma realização nem algo a que ela deva aspirar. Um casamento pode ser feliz ou infeliz, mas não é realização" (Adichie, 2017, p. 16). Quando a escritora reflete sobre o casamento, ele é apontado como uma forma de obter "sucesso" para as mulheres, mas não para os homens. De fato, em nenhum momento das conversas ouvi meninos se referindo ao casamento como um dos objetivos de vida ou de "sucesso alcançado"; esta é uma visão exclusiva das meninas e, principalmente, das que são evangélicas, cujos dogmas religiosos acabam por influenciar profundamente suas escolhas e aspirações futuras.

Todas estas formas de "sucesso" discutidas ao longo da seção demonstram que não há uma única possibilidade de sucesso para os estudantes negros dos meios populares; estes olhares variam de acordo com a estrutura familiar e as relações sociais estabelecidas em cada grupo.

Um dado relevante extraído das nossas conversas é que os pais dos estudantes desejam que os filhos tenham uma situação econômica melhor do que tiveram; e por isso acreditam que a educação é um meio de ascensão social. Como foi constatado por Lahire (2008) em suas pesquisas, atestando os dados construídos:

> Nosso estudo revela claramente a profunda injustiça interpretativa que se comete quando se evoca uma "omissão" ou uma "negligência" dos pais. Quase todos os que investigamos, qualquer que seja a situação escolar da criança, têm o sentimento de que a escola é algo importante e manifestam a esperança de ver os filhos "sair-se" melhor do que eles (p. 334).

As famílias oferecem o que é possível aos seus filhos, mas as alunas e alunos foram unânimes em suas falas que os familiares enxergam a escola como uma possibilidade de futuro, principalmente os que acreditam que ter um emprego com mais dignidade e melhores salários só é possível por meio da escolarização.

Das alunas e alunos entrevistados individualmente todos disseram que as famílias incentivam que eles permaneçam estudando e avancem para o Ensino superior, mas que a conclusão do ensino médio já será uma grande conquista. Já entre os demais alunos que participaram das conversas coletivas, nem todos expressaram perceber esta preocupação por parte dos pais, e as meninas evangélicas verbalizaram que os pais concordam que o casamento é uma forma de realização pessoal e, consequentemente, de "sucesso".

2.4 As professoras, a estrutura escolar, e o sucesso dos jovens estudantes negros

Um dos questionamentos propostos durante as conversas foi a respeito do papel dos professores sobre o rendimento dos interlocutores. As respostas também tiveram similaridades, já que todos disseram que o comportamento, a forma como alguns docentes se relaciona com as turmas e, principalmente, o apoio dispensado aos alunos, acaba interferindo nos resultados.

Considerando o ponto de vista dos estudantes, principalmente dos cursos de Química e Regular, há professores que investem nos estudantes que apresentam bom rendimento, e não dão oportunidade ou atenção aos alunos com mais dificuldades. Nas conversas com os discentes, houve relatos sobre docentes que além de não tratá-los de maneira adequada, ainda dizem que eles não conseguirão ir além do ensino médio, pois são desinteressados, não se dedicam o suficiente, assim, não conseguirão ir além do lugar onde se encontram. Para os discentes este comportamento dos professores acaba interferindo de forma negativa no desempenho, pois "*a gente acaba sentindo um bloqueio com a matéria e perde a vontade de estudar*".

Foi explicitado pelos estudantes não perceberem, nas atitudes destes professores mais ríspidos e menos motivados, a presença do racismo, pois os docentes, segundo os jovens, têm o mesmo comportamento com negros e brancos; no entanto, nas conversas realizadas com as professoras, 3 das 5 entrevistadas disseram observar atitudes racistas nos docentes e constrangimento por parte dos alunos.

A pesquisa realizada por Silva *et al.* (1997), apresentou que o racismo por muitas vezes é escamoteado nas relações escolares e a discriminação negada pelos docentes e discentes. Para os professores que participaram do estudo, à época, falar de discriminação soava de maneira preconceituosa, era normal pensar que falar e debater sobre racismo fazia acontecer, faria com que o racismo e preconceito iriam se materializar. E, o que mais impressionou foi perceber que as crenças da comunidade docente, revelada nos anos de 1990, ainda fazem parte do imaginário dos docentes. Há professores propagando não haver discriminação racial na escola e que não há diferenciação nas oportunidades educativas entre negros e brancos; e mais: que as questões raciais não incidem sobre o rendimento dos alunos, pois negros e brancos são vistos da mesma forma. Analisar estas crenças auxilia na compreensão de "sucesso" defendida pela escola, de maneira geral.

Na cultura escolar o "sucesso" é balizado pelas categorias de excelência construídas e aferidas por meio das avaliações. Desse modo, as instituições definem quem obteve êxito ou fracassou com base nestes instrumentos, e sua escala de conceitos ou notas. Esta interpretação do "sucesso" não é uma exclusividade do Colégio onde a pesquisa foi realizada e se estrutura assim em grande parte das instituições de ensino.

Em muitos momentos, observando a dinâmica do Colégio, foi possível perceber o quanto a cultura das avaliações define quem são os alunos de "sucesso", quem deve ou não progredir. Porém, ao entrevistar as 5 professoras que lecionam nos 3 cursos, esta concepção de "sucesso e aluno de sucesso" se apresentou de formas distintas.

As entrevistas foram realizadas com 5 mulheres de meia idade (entre 45 a 55 anos), com muita experiência no magistério em instituições públicas. Sendo Helena branca, docente de Língua portuguesa e disciplinas técnicas do AV; Cássia, mulher preta, docente de Biologia nos cursos Regular e AV; Ana, mulher preta, que leciona Biologia e Química, nos cursos de Química e no Regular; Sandra mulher parda habilitada em Língua portuguesa, mas leciona a disciplina Projeto de vida no Regular e A V. Apresentar e racializar as professoras é importante na compreensão de muitos pontos de vista que surgirão ao longo do texto.

Todas as interlocutoras compreendem que um "bom aluno", ou "aluno de sucesso", não é o que consegue os melhores resultados nas avaliações, como alude a concepção escolar. Sendo perceptível nas falas a seguir:

> Ana: *Eu acho que o aluno de sucesso é um aluno que consegue desenvolver um pensamento crítico. Sabe? É aquele que consegue*

argumentar contigo [...] Eu não consigo aquele aluno que fica ali fazendo só o que eu falei pra fazer, bonitinho e tal não sei o que. Eu acho que não vai ser uma pessoa de sucesso. Que ele está obedecendo apenas [...]. Eu acho que o aluno de sucesso é aquele que consegue argumentar. Muitas vezes ele nem é o melhor aluno em nota não. Sabe? Mas é aquele aluno que se esforça, que vai atrás e que consegue? Consegue de alguma forma chamar atenção! Sabe? Pra mim esse é o aluno de sucesso, aquele que, olha, eu tirei cinco, mas o meu cinco foi com esforço.

Cássia: *O bom aluno primeiro é aquele que se entende, entende que está na escola é interagir, é participar da banda, participar da biblioteca, mas é estudar. Então ele sabe que tem que estudar. Né? Aluno. Ele sabe que tem que estudar. E ele tem uma visão do que ele quer. Por mais que ele seja adolescente, e esteja perdido ele sabe que não quer ficar naquele lugar, que ele não quer só trabalhar na padaria, que ele não quer só ser mecânico, que ele, que pode ser mecânico, mas que se ele estudar pra ser um mecânico bom. Sim. E aí ele vai buscar isso. Ele vai buscar. E ele vai correr atrás disso. Mesmo que os empecilhos sejam gigantescos. Mesmo que tenha uma montanha na frente dele. Então esse aluno ele vai ter sucesso no que ele quiser na vida dele.*

Helena: *Pra mim sucesso não é nota eu acho que eu acho até uma coisa que a gente discutiu lá no conselho de classe né? Sobre essa questão dos destaques. Que toda escola gosta de fazer o mural dos destaques. Eu, eu pra mim destaque não é quem tirou a melhor nota. Não é o CR. A gente fica muito acostumado a vida inteira a ser avaliada por número. A gente não é número. É acho que a gente tem um conjunto de fatores e que passam pra mim assim pelo comprometimento do aluno [...]. É o comprometimento, que vai além da nota, é objetivos de vida mesmo que as vezes eles têm objetivos que não necessariamente é uma faculdade. Às vezes as necessidades financeiras são muito maiores... Tem muitos que se preocupam em trabalhar pra poder tentar garantir ter uma reserva pra ajudar em casa, fazer sua reservinha pra tentar depois se manter os primeiros semestres de faculdade. Então pra mim sucesso escolar ele vai muito além de nota, vai muito além de ser o destaque lá porque ele tirou a melhor nota.*

Laura: *[...] a gente pensa que o sucesso é só entrou na universidade pública e conquistou o emprego e tal e ganhou dinheiro. Eu não acho que é isso, acho que isso de ganhar dinheiro não é sucesso pra mim, sucesso pra mim é ser livre, então muitas*

> *vezes as pessoas saem e ganham dinheiro e são escravas do dinheiro que ganham. Então, ser capaz de entender a extensão da dimensão da liberdade. E ter uma vida potencializada, isso pra mim é sucesso. Não tenho visto isso nos terceiros anos hoje não, ele têm um desânimo, descrédito se eu acho que a gente tá deprimido de também de democracia, né? A gente tá com um problema democrático hoje acho que o Governo que a gente tem hoje deprime muito a gente, e tira muito a perspectiva de futuro deles.*
>
> Sandra: *Olha, já descarto a nota. Nota pra mim e eu fico falando isso tanto pros meus filhos quanto com eles. Nota não define ninguém. E Pra mim o bom aluno é aquele, aluno com caráter que consegue se respeitar, e respeitar o outro também. Pra mim esse é o bom aluno. Consegue ter esse equilíbrio de convívio com os colegas, com os professores é pelo menos o diálogo. Mesmo que ele não tenha trazendo os próprios problemas dele, mesmo que não seja perfeito, mas que tenham diálogo. Consiga estabelecer um diálogo custoso ou não, porque às vezes é custoso a gente conseguir fazer essa ligação, né?* (Professoras C. E. D. Pedro II, 2022).

A perspectiva de "sucesso" trazida pelas professoras não diz respeito às notas e avaliações, que os critérios de excelência escolar determinam – mesmo sendo necessário que as provas e testes sejam aplicados para cumprir as normas escolares. Durante as entrevistas, 3 das 5 professoras disseram não concordar com a diretriz estadual que preconiza, na realização dos conselhos de classe, que os alunos destaque sejam apontados. Segundo as docentes, o que ocorre na reunião deliberativa é que os professores definem os destaques, não pela evolução demonstrada pelos estudantes, mas, apenas pelas notas que conquistaram, desconsiderando os esforços, avanços pessoais e pedagógicos dos outros alunos.

A escolha aleatória de alunas e alunos, que os professores em alguns momentos não conhecem, abrem os diários, pesquisam as notas mais altas e definem que estes são os destaques, ainda considerando a perspectiva das docentes, acaba por desmotivar os alunos que estão galgando conhecimentos diversos. É importante salientar que os destaques são definidos pelos docentes das disciplinas com maior prestígio social (Matemática, Física e Língua portuguesa, entre outras). As disciplinas da área das ciências humanas, que estão ainda mais desprestigiadas na reforma do ensino médio, são deixadas em segundo plano no momento da escolha dos alunos que se destacam por suas notas.

Refletindo sobre essas questões trazidas pelas professoras que foram entrevistadas, ficou evidenciado que a visão de "sucesso" predominante, que figura entre professores e equipe técnica, está relacionada aos resultados finais; no geral, grande parte dos professores desconsidera o processo, a trajetória que os alunos vão construindo ao longo do curso e o que ganha destaque são as boas notas. As professoras destacaram uma visão de "sucesso" integrada ao desenvolvimento pessoal do aluno, pensando o quanto ele é capaz de transformar sua vida positivamente, e das pessoas que o cercam. Dentro desta concepção há uma crença de que os estudantes conseguirão ter êxito na vida, pois conseguirão ser mais felizes trabalhando naquilo que os satisfaz pessoalmente e economicamente. Não obstante, este não é um consenso de concepção de "sucesso" de toda a escola; como visto anteriormente, os alunos também acreditam que o "bom aluno" ou "aluno de sucesso" precisa necessariamente obter boas notas, ter um comportamento que agrade os professores e deve saber se adequar às regras do jogo escolar, ainda que o conceito de "sucesso" na vida não tenha uma relação direta com esta visão.

Outra questão importante, passível de análise, é que todas as professoras entrevistadas culpabilizam as famílias pelo "fracasso escolar" dos alunos, porque acreditam que a falta de atenção dispensada à educação dos filhos, aliado a pouca cultura letrada familiar, e os problemas sociais, fazem com que as alunas e alunos não tenham bons resultados escolares. Estas questões são postas sem que haja uma reflexão do papel dos professores e demais agentes escolares na perpetuação do insucesso entre os alunos negros das classes populares.

Nos dados construídos na pesquisa de Lahire (2008), constatou-se o mesmo processo de culpabilização das famílias pelos resultados insatisfatórios dos estudantes, como nota-se no recorte a seguir:

> Os discursos sobre "omissão" dos pais são emitidos pelos professores principalmente quando os pais estão ausentes do espaço escolar. Eles não são "vistos", e essa invisibilidade é imediatamente interpretada – principalmente quando a criança está com dificuldade escolar – como indiferença com relação a assuntos da escola em geral e da escolaridade da criança em particular. Alguns professores até parecem pensar que a ausência de relações, a ausência de contatos

> com algumas famílias (populares, é claro), explicaria o "fracasso escolar das crianças. Por isso, é preciso fazer os pais irem, de qualquer jeito, à escola: nas diversas reuniões, festas escolares... (p. 335).

As reflexões trazidas pelas professoras convergem para o que Lahire observou em sua pesquisa, o processo de culpar as famílias pelo "fracasso escolar", sem pensar qual a parte da responsabilidade da escola nestes resultados. Estudos realizados por pesquisadores brasileiros como Carvalho (2004a, 2004b), Louzano (2013), demonstram que a atuação dos professores, e as avaliações utilizadas, servem como meio de perpetuar o infindável ciclo de "fracasso escolar" de estudantes negros de todas as etapas da Educação básica.

Como mencionado no início do capítulo, "sucesso" e "fracasso" são categorias que caminham juntas. Dessa forma, não há como desvincular as análises para desvelar as concepções de ambos para escola, professores, pais e, principalmente, para os jovens estudantes. Após compreender as perspectivas de sucesso para os agentes escolares e a relevância deste conceito na construção da trajetória dos estudantes, no capítulo seguinte irei discutir a percepção que os alunos negros têm sobre o racismo e quais os sentidos que as questões raciais dão às trajetórias escolares destes estudantes, ainda que estes não percebam existir racismo explicitamente.

CAPÍTULO III

É RACISMO, MAS A PESSOA NÃO AVISA, E NEM ESTÁ CIENTE DISSO

Quem tenta acorrentar um sentimento
Esquece que ser livre é fundamento.
Matiz suburbano, herança de preto
Coragem no medo.
Meu povo é resistência feito nó
Na madeira do cajado de Oxalá
Força africana, vem nos orgulhar.

(Igi Osè Baobá, Portela, 2022).

Apresentarei neste capítulo como o racismo impacta as trajetórias escolares das jovens negras e negros; e buscarei compreender de que maneira este elemento nefasto se manifesta no espaço escolar e nas relações que se estabelecem no Colégio. E para que este objetivo se cumpra será necessário analisar como a estratificação racial e o racismo se apresentam nas estruturas sociais.

O racismo, de modo geral, se manifesta a partir do conceito de raça, pensando na divisão entre os seres humanos por meio de grupos (raças). Há uma ideologia a qual postula que valores, crenças, culturas são desiguais e estão relacionadas a raça a qual um grupo pertence.

Segundo Munanga (2004, p. 8):

> [...] o racismo é uma crença na existência das raças naturalmente hierarquizadas pela relação intrínseca entre o físico e o moral, o físico e o intelecto, o físico e o cultural. O racista cria a raça no sentido sociológico, ou seja, a raça no imaginário do racista não é exclusivamente um grupo definido pelos traços físicos. A raça na cabeça dele é um grupo social com traços culturais, linguísticos, religiosos, etc., que ele considera naturalmente inferiores ao grupo ao qual ele pertence.

O racismo faz parte da estrutura social no Brasil desde a colonização, apresentando-se de maneiras muito variadas, embora não seja possível esquecer do discurso falacioso, amplamente difundido, sobre a "democracia racial", fato que não é verdadeiro, considerando que as estatísticas demonstram a imensa desigualdade entre pretos e brancos, não apenas no Brasil, mas, por muitos países.

O mito da democracia racial é uma das grandes criações da sociedade brasileira, evidenciando seu racismo estrutural, que como definido na introdução deste trabalho, por Almeida (2018), entende que as estruturas sociais são racistas, porque a sociedade é racista, pregando que todos têm direitos iguais, que não há segregação formal, no entanto, na prática não é o que ocorre.

Lélia Gonzales (1984), em seu artigo "Racismo e Sexismo na cultura brasileira", exemplifica de maneira objetiva, como o ideal de uma suposta "democracia racial" se processa em nossa sociedade, fazendo crer que no Brasil não se experimenta o racismo:

> Racismo? No Brasil? Quem foi que disse? Isso é coisa de americano. Aqui não tem diferença porque todo mundo é brasileiro acima de tudo, graças a Deus. Preto aqui é bem tratado, tem o mesmo direito que a gente tem. Tanto é que, <u>quando se esforça</u>, ele sobe na vida como qualquer um. Conheço um que é médico; educadíssimo, culto, elegante e com umas feições tão finas... Nem parece preto (Gonzales, 1984, p. 226, grifos da autora).

O pensamento expresso no trecho em destaque permeia a sociedade, sendo visto em discursos oficiais, mas, para que os negros não sejam agredidos, é necessário seguir uma série de normas, embranquecer o máximo possível. Este mito à brasileira fez, e ainda faz, com que pessoas negras neguem sua identidade. O racismo presente na sociedade, além de ser um fator impeditivo de que fossem iniciadas discussões sobre as ações afirmativas, e sobre o respeito às diferenças culturais, imputa reflexos profundos ao sistema educacional.

Há uma relação estabelecida entre racismo e cultura, pois, se a cultura é o conjunto dos comportamentos motores e mentais nascido do encontro do homem com a natureza e com o seu semelhante, devemos dizer que o racismo é um elemento cultural. Assim, há culturas com racismo e culturas sem racismo. O racismo teve que se renovar, de se matizar, e mudar de fisionomia, teve de sofrer a sorte do conjunto cultural que o informava (Fanon, 1980).

Fanon discute a presença de um racismo vulgar e um racismo racional, que se transformou no racismo cultural como é evidenciado no trecho a seguir:

> Este racismo que se pretende racional, individual, determinado, genotípico e fenotípico, transforma-se em racismo cultural. O objeto do racismo já não é o homem particular, mas uma certa forma de existir. Os "valores ocidentais" reúnem-se singularmente ao já célebre apelo à luta da "cruz contra o crescente" (Fanon, 1980, p. 36).

Esta mudança de fisionomia do racismo é sentida em nossa sociedade, que por longos períodos julgou não ser racista, se definiu como uma democracia racial baseada na mestiçagem ocorrida em muitos momentos – por meio da violência contra mulheres indígenas e negras – e incentivada politicamente com a finalidade de embranquecer a população (Souza, 1983).

O racismo transcende a esfera individual ou coletiva; no entanto, não se pode desconsiderar o grande caráter de reprodução das estruturas sociais presentes nas instituições que compõe a sociedade. O racismo que uma instituição manifesta faz parte de uma estrutura social, que é estruturada e estruturante, e estas estruturas visam resguardar uma ordem social vigente, que é ditada pelas classes dominantes.

É factível considerar que as escolas, públicas e privadas, funcionam como "aparelhos ideológicos do Estado", conceito desenvolvido por Althusser (apresentado originalmente em 1971), mas que possibilita compreender, ainda hoje, como a escola, de maneira geral serve às classes dominantes por meio da ideologia ou da repressão velada, exercida por meio da violência simbólica – como no caso do "racismo estrutural", que compõe a sociedade e serve aos que detêm o poder. No trecho que destaco a seguir, Althusser (1971) elucida a relação direta entre as escolas e a perpetuação da ideologia dominante:

> Designamos por Aparelhos Ideológicos de Estado um certo número de realidades que se apresentam ao observador imediato sob a forma de instituições distintas e especializadas. Propomos uma lista empírica destas realidades que, é claro, necessitará de ser examinada pormenorizadamente, posta

> à prova, rectificada e reelaborada[13] [...] Assim a escola e as Igrejas "educam" por métodos apropriados de sanções, de exclusões, de selecção, etc., não só os seus oficiantes, mas as suas ovelhas (p. 47).

É importante destacar que o referido autor não tinha como objetivo realizar análises sobre relações étnico- raciais, e, sim, as estruturas sociais, por meio de um olhar sociológico. Dito isto, me valho destas ponderações sobre "os aparelhos ideológicos do Estado" para pensar algumas questões da organização escolar, e a presença do racismo em sua composição cultural, refletindo acerca das exclusões e sanções promovidas pelas instituições escolares, as quais reproduzem as mazelas sociais – dentre elas, o racismo estrutural.

E apesar da instituição escolar não realizar reflexões sobre o seu papel como reprodutora e, como aparelho ideológico do estado, é possível encontrar espaços de pequenas e graduais mudanças, grupos de alunos e professores que buscam subverter a ordem e pensar estratégias para sobreviver e tentar modificar as estruturas racistas por meio da aparência física, dos espaços de cultura e mudança nos padrões de comportamento. Retomando a epígrafe da seção: "Quem tenta acorrentar um sentimento esquece, que ser livre é fundamento." E, é na liberdade do pensamento, e das expressões, que muitos alunos resistem, buscando encontrar brechas para construir novos caminhos e pensar sobre o racismo em suas trajetórias, ponto que buscarei discutir a seguir.

3.1 Os estudantes, as questões raciais e o racismo: "a gente precisa tá preparado"

> Inicio este tópico apresentando a fala da aluna Juliana, jovem preta, da turma 3003 – Química, se referindo a aluna Michele, jovem preta, da mesma turma, como forma de refletir sobre a percepção inicial dos estudantes sobre as questões raciais e o racismo:

[13] Podemos desde já considerar " Aparelhos Ideológicos de Estado" as instituições seguintes (a ordem pela qual as enunciamos não tem qualquer significado particular): - O AIE religioso (O sistema das diferentes Igrejas) - o AlE escolar (o sistema das diferentes escolas públicas e particulares), - o AIE familiar, - o AIE jurídico,- o AIE político (o sistema político de que fazem parte os diferentes partidos), - o AIE sindical- o AIE da informação (imprensa, rádio, televisão, etc.), - o AIE,cultural (Letras, Belas Artes, desportos, etc.) (Althusser, 1971, p. 45).

> Juliana: *Eu percebi. Ela disse que já aconteceu com ela. Ela é uma aluna que fica mais...* tá exposta! Ela vende as coisas dela. Ela anda pela escola, todo mundo conhece, todo mundo sabe quem é, e, tipo, sempre tem um que não gosta dela. *Então, na escola eu já fico mais na sala. Eu já sai mais. Falaram aquilo (uma ofensa racista), exatamente aquilo, para te magoar, mas, isso que aconteceu com ela, porque ela está mais pela escola. Tem gente que fala naturalmente como se não fosse nada. Por isso talvez aconteceu mais com ela, mas comigo não, nunca aconteceu* (3003 Química, 2022).

O trecho transcrito remete a uma série de reflexões. A aluna Juliana, quando perguntada sobre o tema percepção sobre as relações na escola, imediatamente remeteu ao racismo, embora tentasse todo o tempo justificar que não existe racismo no Colégio; e o que ocorre, de seu ponto de vista, são situações isoladas como a em que expôs a colega Michele. A contundência de alguns em afirmar que não percebem situações de racismo no Colégio foi recorrente nas 6 turmas onde a conversa ocorreu. Como vimos, Juliana alega não sofrer racismo, pois "ela não se expõe"; já a colega, conforme explicou, vende doces e artesanato para auxiliar na renda familiar e acaba por se expor a certos comentários e criar alguns desafetos por circular muito pelos espaços.

Durante a fala de Juliana, Michele, que não quis relatar o teor das ofensas sofridas, alegou que estas coisas sempre ocorrem; que em alguns momentos ela corrige a fala das pessoas, mas que muitos não conseguem compreender se tratar de racismo – inclusive Juliana, que em muitas ocasiões diz que são apenas brincadeiras. Neste momento da conversa foi perceptível o incômodo em discutir a questão por parte de Juliana, já Michele disse se tratar de "racismo estrutural".

A percepção das situações de racismo como brincadeira fizeram parte das falas iniciais em todos os grupos de alunos. Porém, à medida que as conversas aconteceram, reflexões surgiram e foram compartilhadas com os grupos. Uma delas foi que há professores que se comportam de maneira racista, mesmo os jovens acreditando que "é sem querer", que não é proposital. As falas das alunas levam a ponderações, dentre elas a necessidade de não se expor colocada por Juliana, deixando claro que quanto mais visibilidade há sobre os alunos pretos, maior é a chance de sofrerem racismo. A violência do racismo retira dos sujeitos o potencial, a criatividade, beleza e até o prazer, o racismo faz com que se perca a própria identidade negra, ou como no caso de Juliana, se esconda para evitar a violência racista (Souza, 1983).

Outra questão presente de maneira implícita nas colocações de Juliana é a falta de identificação da interlocutora com os problemas de Michele; mesmo ambas sendo meninas pretas, oriundas das classes populares, há diferenças individuais que fazem com que uma não se identifique com a outra. Michele necessita vender doces e artesanato para ajudar na renda familiar, pois sua mãe estava impossibilitada de trabalhar porque estava doente, o pai sem emprego formal, apenas com atividades temporárias. Já Juliana apenas estuda, e seus pais estão empregados, o que dá a ela uma condição financeira um pouco melhor e, talvez, proporcione este sentimento de indiferença em relação a colega de classe.

Kabengele Munanga na introdução seu livro Negritude usos e costumes (2009), disserta sobre as questões identitárias na construção da negritude no Brasil, são considerações que contribuem para melhor compreensão da situação apresentada entre Juliana e Michele, como pode ser constatado a seguir:

> Se o processo de construção da identidade nasce a partir da tomada de consciência das diferenças entre "nós" e "outros", não creio que o grau dessa consciência seja idêntico entre todos os negros, considerando que todos vivem em contextos socioculturais diferenciados. Partindo desse pressuposto, não podemos confirmar a existência de uma comunidade identitária cultural entre grupos de negros que vivem em comunidades religiosas diferentes, por exemplo, os que vivem em comunidades de terreiros de candomblé, de evangélicos ou de católicos, etc. em comparação com a comunidade negra militante, altamente politizada sobre questões de racismo, ou em comunidades de remanescentes de quilombos (Munanga, 2009, p. 3).

Considerando a perspectiva de Munanga, as estudantes, apesar de pretas, e estarem matriculadas no mesmo curso, integram grupos distintos, tendo assim uma percepção do racismo de maneiras bem divergentes; suas identidades vem se forjando de maneiras bem diferentes. Juliana não foi entrevistada individualmente, mas o que foi possível saber na conversa coletiva é que sua família é numerosa, que reside na cidade de Duque de Caxias, e a aluna tem alguns primos e amigos que acabaram enveredando pelo caminho do tráfico. A aluna considera que concluir o ensino médio será uma forma de sucesso para sua família e ela não se vê cursando uma graduação, pelo menos não imediatamente após a conclusão do curso de Química.

Michele participou das conversas individuais. É da cidade de Petrópolis, reside em um dos pontos mais afetados pelas chuvas de fevereiro, o bairro Chácara Flora, já vinha passando por dificuldades financeiras desde o agravamento da pandemia, era membro de uma igreja evangélica, mas à medida que foi se tornando adolescente "*sentiu que aquele não era o seu lugar*". Atualmente ela participa das "Rodas culturais", espaço de troca de saberes, leitura, discussões políticas, escreve música (estilo *rap*) e poesias. Ela é considerada por muitos professores, e também por seus colegas, como uma das melhores alunas da turma.

Os pais das 2 jovens têm baixa escolarização: o pai de Juliana concluiu o ensino médio e a mãe apenas o Ensino fundamental. Os pais de Michele não concluíram o ensino médio por questões financeiras.

Mesmo com alguns pontos convergentes nas trajetórias, a percepção de como ser negra é bem distinta para ambas. Michele frequenta um grupo, uma espécie de movimento social, afirma sua negritude com muito orgulho e debate com as pessoas sobre racismo e sobre as situações racistas as quais é obrigada a enfrentar. Em um dos momentos da conversa, Michele diz que: "*Foi após eu começar a participar das rodas culturais que comecei a entender que podia ter meu cabelo do jeito que eu quero, posso até deixar ele colorido, que posso até ser loura se quiser*". No momento da entrevista ela estava com o cabelo rosa.

Analisando o processo emancipatório de Michele, ao passar a integrar as rodas culturais, fica evidenciado a relevância dos movimentos sociais na construção de reflexões sobre as questões sociais e o racismo. As rodas possibilitaram, nas discussões coletivas, que Michele compreendesse sua posição de jovem preta e tivesse condições de afirmá-la, mesmo passando por situações de racismo no Colégio. Nilma Lino Gomes, em seu livro: *O movimento negro educador: saberes construídos nas lutas por emancipação* (2017), ao discutir sobre a corporeidade negra e as relações entre o corpo negro regulado e o corpo negro emancipado, aponta que todo o processo de emancipação, embora seja individual, se constrói coletivamente, no seio das lutas dos movimentos sociais, como esclarece o seguinte fragmento:

> O corpo negro não se separa do sujeito. A discussão sobre regulação e emancipação do corpo negro diz respeito a processos, vivências e saberes produzidos coletivamente. Isso não significa que estamos descartando o negro enquanto identidade pessoal, subjetividade, desejo e individualidade. Há aqui o entendimento de que assim como "somos um corpo no mundo", somos sujeitos históricos e corpóreos no mundo. A identidade se constrói de forma coletiva, por mais que se anuncie individual (Gomes, 2017, p. 94).

As colocações de Michele sobre "racismo estrutural", sua identidade e as suas muitas possibilidades, só ratificam que é na coletividade, no seio de movimentos sociais diversos, que os jovens são instrumentalizados para combater situações como o racismo e, também, terão suas individualidades respeitadas. O uso do cabelo colorido e as afirmações culturais dos jovens negros fazem parte de uma expressão de negritude que vem crescendo no Brasil, como expressão cultural e afirmação de identidade. E estas expressões ganham força dentro da comunidade negra por meio de uma valorização da estética e corporeidade negra, mesmo apresentando conflitos (Gomes, 2017).

A afirmação de Michele sobre o próprio cabelo demonstra muito esta autovalorização, que acaba por incentivar outras meninas pretas, embora não sejam todas que passaram por este processo de construção coletiva de identidade, de fortalecimento de suas raízes, sendo capazes de perceber imediatamente as situações de racismo – pelas quais todos são submetidos, de forma constante – fazendo com que muitos desejem mudar suas características físicas ou mesmo se esconder, como foi o caso de Juliana. E muitos outros momentos remetem a estes desejos de alterar suas características, como será discutido na próxima seção.

3.1.1 Corporeidade e racismo: enfim, é a minha cor né?! Não tem como mudar!

A frase que dá título à seção foi muito recorrente durante a escuta de meus interlocutores de pesquisa: "*Eu sou preto, não tem como mudar*"; *Eu me declaro preto, porque né?! Tá na pele!*; "*Apesar da minha mãe ser branca, eu sou preto, as vezes as pessoas acham que eu nem sou filho dela*"; "*Eu me declaro preta porque eu me olho no espelho!*" " *Eu me declaro preto porque assim, a minha pele, e eu me identifico com a cultura*"; "*Eu nunca tive o privilégio de não ser preta na vida!*" Estas falas tiveram entonações e sentidos diferentes, como a última exposta, de não ter o privilégio de não ser preta, que demonstra todo o peso de ser uma menina preta, e do quanto ser branca, ou mesmo "morena", constitui um privilégio em uma sociedade marcada pelo "racismo estrutural".

Analisando as falas dos estudantes, quando se apresentavam e faziam a autoidentificação racial, apenas um aluno relatou se identificar com a cultura negra. Alguns se auto identificaram sem grandes considerações a respeito; porém, este tom que contém certa tristeza, foi recorrente em todas as turmas e esteve presente, principalmente, nas falas das meninas, que no geral foram mais abertas ao diálogo que os meninos.

Lélia Gonzalez, em seu texto de 1984, *Racismo e Sexismo na cultura brasileira*, argumenta sobre o modo como o racismo atravessa a vida das pessoas pretas, e o trecho em destaque apresenta uma das formas de construir, no imaginário dos negros, um desejo de branqueamento que é recorrente e está tão presente na fala dos meus jovens interlocutores:

> Basta que a gente pense nesse mito de origem elaborado pelo Mário de Andrade que é o Macunaíma. Como todo mundo sabe, Macunaíma nasceu negro, "preto retinto e filho do medo da noite". Depois ele branqueia como muito crioulo que a gente conhece, que, se bobear, quer virar nórdico. É por aí que dá pra gente entender a ideologia do branqueamento, a lógica da dominação que visa a dominação da negrada mediante a internalização e a reprodução dos valores brancos ocidentais (Gonzalez, 1984, p. 237).

Esse branqueamento experimentado por Macunaíma está presente na vida de muitos negros, pois ser preto torna tudo mais difícil. Logo, adotar o comportamento padrão do branco pode dar a falsa impressão de que as coisas serão mais fáceis, e aquele corpo passará a ser melhor aceito – o que não é verdade. O corpo não deixará de ser preto por ter cabelo alisado ou por tentar imitar o comportamento das pessoas brancas: ele permanecerá preto. O único meio de adquirir relativa "brancura" será conquistando capital econômico, que propiciará, em certos espaços, não ser visto como "tão negro". Outrossim, recorro a Fanon (2008), quando alude que tudo em outras raças é possível esconder, como nos judeus, mas nos negros é impossível esconder sua raça e corporeidade. Deste modo, mesmo tentando embranquecer, ele permanecerá negro, principalmente sob os olhares dos brancos.

Durante as conversas os estudantes sempre mencionavam casos de racismo, que na percepção deles foram isolados, na maioria das vezes entre os próprios alunos. Algumas situações são percebidas por eles como *bullying* ou meras brincadeiras; ademais, as manifestações racistas dos docentes muitas vezes não são percebidas como tais, e os alunos tentaram minimizar os acontecimentos afirmando que os professores mais grosseiros são assim com todos. O trecho que apresentarei a seguir ilustra a percepção dos estudantes sobre as "brincadeiras" que, na compreensão dos alunos, não se trata de racismo:

> Pesquisadora*: E vocês acham que assim, por exemplo, as brincadeiras entre vocês, é, essas brincadeiras elas fazem alguma referência a questão racial ou não?*
>
> Larissa: São só brincadeiras entre amigos mesmo, entre amigos.
>
> Camile: *Sim, é, exatamente.*
>
> Pesquisadora*: Mas vocês fazem estas brincadeiras se referindo às pessoas brancas também?*
>
> Larissa*: Sim, a gente faz, fala tipo: aquele branquelo ali.*
>
> Camile*: Mas as brincadeiras são mais com as pessoas pretas, na verdade, de por apelido, de zoar mesmo. Mas, nada pesado, só brincadeira, coisa de criança, tipo: "olha o café torrado"...* (Turma 3004 Regular, 2022).

Para os estudantes só é considerado racismo se a ofensa for muito direta, ou se houver algum tipo de perseguição, como, por exemplo, quando eles são seguidos em lojas, se estiverem sozinhos, como relatou Jéssica da turma 3003 Regular:

> Jéssica: *Eu evito, por exemplo, eu evito entrar na casa do biscoito. Eu não gosto da casa do biscoito. Não adianta, eu não gosto. Porque eu sei que quando eu entro lá, vão ficar me seguindo achando que eu estou... levando alguma coisa. Eu evito entrar lá, entrar em vários lugares. Não sei quando eu tô com outras meninas assim, né? Que são meus colegas, que são mais claras, né? Que tipo assim, que eu entro num lugar tipo ali e nota a diferença. Que é eu noto, tipo assim, mais finjo. Eu não comento com elas, mas acho que quando eu não entro na loja eu percebo,*

> *que ah, as pessoas não ficam seguindo a gente, diferente quando eu tô sozinha, quando eu tô sozinha as pessoas ficam me seguindo. Entendeu?* (Turma 3004 Regular, 2022).

Jéssica é uma aluna preta, muito falante junto ao grupo de estudantes, mas quando foi entrevistada individualmente, se mostrou bem mais retraída. No entanto, este relato sobre ser perseguida foi dado individualmente, quando perguntada sobre racismo. Ela também foi uma das poucas estudantes a explicitar que percebe diferença no tratamento de professores com relação aos alunos negros. O nome da jovem não estava relacionado no levantamento inicial, dos estudantes com boas notas; porém, seu comportamento chamou minha atenção nas conversas coletivas e pensei ser interessante conversar com ela individualmente. No geral, as pessoas, quando submetidas a situações de racismo, tendem a se sentir envergonhadas ou até mesmo culpadas pelo ocorrido, e o fato de que não tenha feito esses comentários no grupo demonstra bem a questão.

Quando Jéssica diz não gostar de entrar nos locais sozinha, principalmente na Casa do Biscoito, a estudante deixa claro a percepção que o racismo faz com que pessoas pretas tenham de si mesmas, de que determinados lugares não são para elas, pois serão perseguidas, ofendidas ou mesmo acusadas de cometerem delitos, sem que de fato isto tenha ocorrido. Ser preto é estar preso a sua corporeidade racial, é como descrito por Fanon (2008), é não estar escravizado pela ideia que os outros fazem da pessoa, mas da aparição, do quando surge, ou entra em uma loja, e se é uma pessoa preta.

Fanon (2008), exemplifica o sentimento da corporeidade negra, diante dos olhares dos "brancos", fazendo com que o conhecimento do corpo deixasse de ser visto por ele na terceira pessoa, mas em uma "tripla pessoa", como fica evidenciado no fragmento do texto, representando a percepção de Jéssica sobre si mesma, quando entra em determinados locais:

> "Mamãe, olhe o preto, estou com medo!" Medo! Medo! E começavam a me temer. Quis gargalhar até sufocar, mas isso tornou-se impossível. Eu não aguentava mais, já sabia que existiam lendas, histórias, a história e, sobretudo, a *historicidade* que Jaspers havia me ensinado. Então o esquema corporal, atacado em vários pontos, desmoronou, cedendo lugar a um esquema epidérmico racial. No movimento, não se tratava mais de um conhecimento de meu corpo na terceira pessoa, em tripla pessoa. No trem, ao invés de

> um, deixavam-me dois, três, lugares. "Eu já não me divertia mais. Não descobria as coordenadas febris do mundo. Eu existia em triplo: ocupava determinado lugar. Ia ao encontro do outro... e o outro, evanescente, hostil mas não opaco, transparente, ausente, desaparecia. A náusea... (Fanon, 2008, p. 105).

A corporeidade negra é apresentada por meio de uma série de estereótipos, os quais os estudantes nem sempre percebem. Grande parte dos jovens foram reproduzindo falas do seu cotidiano que contém estes estereótipos, sem se darem conta do quanto há de preconceito nestas expressões e atitudes. Apenas na turma 3002 de Química houve uma problematização das questões e um aprofundamento nas discussões, quando o aluno Caio disse que: "*Já me chamaram de beiço de alcatra, e eu não gostei!* A partir desta fala, algumas considerações foram feitas pelos próprios alunos, de maneira espontânea. A primeira delas foi sobre a valorização das características física dos negros, que ganham destaque apenas quando estão em corpos brancos; tomaram como exemplo os lábios, que em pessoas brancas é visto como "lábios carnudos" e nos negros como "beiçudo"; ou mesmo as nádegas grandes que ganham valor adicional se são mulheres brancas com tal atributo. As meninas da turma levantaram a questão da hipersexualização das mulheres negras, questionando a valorização de mulheres negras apenas por seus atributos sexuais. Questão abordada por Lélia González (1984) em seu texto, que ao falar das características das "mulatas" no carnaval, expõe todo esse processo de hipersexualização das mulheres negras, da valorização condicionada ao sexo, reduzindo as mulheres ao ato e nada mais, como observa-se a seguir:

> E é justamente no momento do rito carnavalesco que o mito é atualizado com toda a sua força simbólica. E é nesse instante que a mulher negra transforma-se única e exclusivamente na rainha, na "mulata deusa do meu samba", "que passa com graça/fazendo pirraça/fingindo inocente/tirando o sossego da gente". É nos desfiles das escolas de primeiro grupo que a vemos em sua máxima exaltação. Ali, ela perde seu anonimato e se transfigura na Cinderela do asfalto, adorada, desejada, devorada pelo olhar dos príncipes altos e loiros, vindos de terras distantes só para vê-la (González, 1984, p. 228).

Os meninos da turma trouxeram algumas questões que os afligiam, como a visão do homem negro como viril e violento, embora durante toda conversa eles disseram não vivenciar situações de racismo na escola, que o que acontece são casos isolados, mas que estes problemas raciais acontecem fora da escola com frequência e "*É preciso estar preparado para quando acontecer*".

Outra questão trazida pelas alunas, nas conversas individuais, foi sobre as diferenças de tom de pele e o preconceito que as pessoas passam, pois quanto mais preto, mais sujeito a sofrer racismo a pessoa estará. Reforçando, assim, um constante desejo de embranquecer. A violência trazida pelo racismo acaba por destruir a identidade do sujeito negro, fazendo com que muitos criem um processo identificatório branco, o que é biologicamente impossível, tornando esse processo doloroso e muito cruel (Costa, 1983).

Este processo de branqueamento da população, fortemente incentivado pelo governo em meados e o fim do século XIX com a facilitação da entrada de imigrantes europeus no país, tem consequências que reverberam na atualidade, causando uma separação entre os negros, gerando uma hierarquia social baseada na cor da pele. Quanto mais claro o tom da pele, mais o sujeito se aproxima dos ideais de beleza do branco europeu, sendo mais valorizado socialmente, o que é denominado hoje como colorismo[14]. As colocações de Jéssica remetem a esta forma de preconceito racial, que segrega as pessoas pela tonalidade de sua pele e, de certo modo, possibilita alguns privilégios aos negros de pele mais clara, como poder circular por alguns espaços sem que sofram discriminação, ou que possam ser lidos ou mesmo se entenderem como brancos em algumas situações. Esta compreensão que o sujeito tem de si mesmo como branco, por ser miscigenado, foi visível também no momento do preenchimento dos questionários, quando estudantes que seriam heteroidentificados como pardos se declararam brancos, não considerando sua origem racial familiar.

Abdias do Nascimento, em seu livro *O genocídio do negro brasileiro-processo de um racismo mascarado* (1978), na seção V – O branqueamento da raça, uma estratégia de genocídio, analisa o processo histórico de branqueamento da população brasileira e o papel dos "mulatos", hoje denominados pardos; nesta construção, embora este grupo possa pare-

[14] O colorismo implica na maneira como o racismo enquanto estrutura de poder permite uma maior aproximação de alguns indivíduos com o a branquidade, de acordo com demandas capitalistas que demandam "quem pode colaborar e gozar de determinados benefícios sociais e quem não pode" (Francisco, 2018).

cer gozar de privilégios na escala social, eles sofrem tantos preconceitos quantos os negros, sendo desprezados pelos brancos da mesma forma, como é possível compreender no trecho destacado:

> Situado no meio do caminho entre a casa grande e a senzala, o mulato prestou serviços importantes à classe dominante; durante a escravidão ele foi capitão-de-mato, feitor, usado noutras tarefas de confiança dos senhores, e, mais recentemente, o erigiram como um símbolo da nossa "democracia racial". Nele se concentraram as esperanças de conjurar a "ameaça racial" representada pelos africanos. E estabelecendo o tipo mulato como o primeiro degrau na escada da branquificação sistemática do povo brasileiro, ele é o marco que assinala o início da liquidação da raça negra no Brasil. Porém, a despeito de qualquer vantagem de *status* social como ponte étnica destinada à salvação da raça ariana, a posição do mulato essencialmente se equivale àquela do negro: ambos vítimas de igual desprezo, idêntico preconceito e discriminação, cercado pelo mesmo desdém da sociedade brasileira institucionalmente branca (Nascimento, 1978, p. 63).

As análises empreendidas por Nascimento, mesmo transcorridos tantos anos, preservam questões ainda hoje recorrentes, como o "mito da democracia racial" ainda defendido, fundado em uma sociedade miscigenada. As discussões do referido autor serviram como base para os estudos realizados sobre o colorismo no Brasil, desvelando o papel dos pardos em nossa estrutura racista, explicitando que os poucos privilégios de que gozam pela pele mais clara, não isenta este grupo de sofrer preconceitos raciais – inclusive com a falta de oportunidades nos postos de comando, na política e até mesmo oportunidades educativas. Ser pardo aumenta um pouco as chances de sucesso no sistema escolar; no entanto, as oportunidades não são as mesmas dos estudantes brancos.

As alunas e alunos colocam o Colégio como um ambiente protegido, onde eles estão livres das questões de racismo. Um lugar onde existe uma grande diversidade racial. Dessa forma, os estudantes acreditam que em certa medida estão protegidos do "racismo estrutural", até porque, de acordo com a visão dos jovens, no Colégio eles conseguem se proteger; e se algo mais sério acontecer, eles terão com quem falar. Mas se a sociedade é racista, e a escola está inserida na sociedade, é possível o Colégio não ser racista? Não reproduzir o racismo estrutural?

3.2 Questões raciais no colégio: "Tem professor que nem sabe que é racista"

Se preto de alma branca pra você
É o exemplo da dignidade
Não nos ajuda, só nos faz sofrer
Nem resgata a nossa identidade.

(Identidade, Jorge Aragão, 1992)

Como mencionado anteriormente, o racismo atravessa todas as estruturas sociais e, no Brasil, é camuflado pelo "mito da democracia racial", que mesmo sem consciência as alunas e alunos, e alguns professores, reforçam esse mito corroborando que há uma grande "mistura racial" no Colégio e as poucas situações de racismo que ocorrem partem, na maioria das vezes, da relação entre os próprios alunos. Porém, mesmo com esse discurso sobre a suposta igualdade racial proferido pelos alunos, à medida que as conversas foram acontecendo as situações de racismo praticadas pelos docentes foram sendo relatadas por alunos de maneira não intencional e, também, por 3 das 5 professoras entrevistadas.

Mas, não são apenas as manifestações racistas que incomodam as professoras pretas do Colégio que foram entrevistadas (Ana e Cássia); ambas relatam o incômodo de terem poucos colegas negros, da falta de representatividade, que impacta os alunos negros no Colégio. Com efeito, de acordo com as falas dos próprios estudantes, estes não veem os professores como referência na construção de uma identidade racial. A fala destacada no trecho a seguir ilustra o incômodo da professora ao chegar no Colégio, e a visão dos jovens sobre o baixo número de docentes negros:

> Ana: *Você entra na sala dos professores, você é a única negra, tem mais uma ou duas, né? Então isso me incomodava um pouco até porque as pessoas ali não vão ter é o cuidado com essas questões, inclusive com os alunos. Eu sei de colegas que não tem esse cuidado, que não pensam nisso, porque não faz parte da realidade deles. Então, assim, os alunos também continuam não se vendo representados nos professores. Se veem nos colegas que tem muitos colegas, é tem muitos colegas negros, mas que eles não se veem representados pelos professores, nada disso. É isso. Eles não se enxergam ali, né? Não é uma possibilidade pra eles. Essa é a questão. E apesar de nós termos um diretor negro,*

> *o Anderson. Eu sou muito amiga do Anderson, e ele fala que as vezes quando a pessoa chega - aluno, pai de aluno - enfim que chega na direção e não olham ele como diretor também, porque é preto* (Ana, Professora Biologia/Química, 2022).

As estatísticas do Colégio corroboram com a fala da professora Ana, já que apenas 3,6% dos professores do Colégio são negros. Este dado reforça a "falta de cuidado" expressa na fala da professora, que pode ser interpretada como falas e atitudes racistas por parte destes professores. Outro dado importante expresso por Ana é o "racismo estrutural" ao qual o diretor adjunto da Unidade é submetido por pais, alunos e, possivelmente, pelos próprios colegas de trabalho, como foi perceptível em uma das minhas visitas ao Colégio, ao ser informada que o diretor estava presente, na fala de um funcionário: *"Ninguém resolve nada com ele, é o mesmo que ele não estar"*. Em outros momentos precisei me dirigir à direção e quando o mesmo funcionário se referia à diretora geral (branca), ou aos outros 2 adjuntos, que também são brancos, não houve esta observação. Assim, fica o questionamento, por que apenas o diretor que é preto não resolve os problemas que surgem? O funcionário, homem branco, exerce uma função que está subordinada (porteiro), ao diretor adjunto; no entanto, o fato de ser branco faz com que ele não perceba a hierarquia dos cargos, já que sua fala final foi: *"Deixa que eu resolvo pra você"*.

A postura do porteiro explicita como o "racismo estrutural" se manifesta, fazendo com que mesmo em cargos de liderança, o fato de ser preto faça a competência e a legitimidade das ações do diretor adjunto serem questionadas. Segundo Almeida (2018), podemos dizer que o racismo é uma forma sistemática de discriminação que tem a raça como base, e se manifesta em práticas conscientes ou inconscientes, tendo como resultado privilégios para alguns e desvantagem para outros, dependendo do grupo racial ao qual pertençam. Ou a opressão sistematizada de um povo (Fanon, 1980).

A maneira como o diretor adjunto é tratado remete a outro dado importante: a representatividade. O fato de ter uma pessoa negra em um cargo de chefia poderia ser entendido como representatividade; contudo, a mera presença de pessoas negras nos cargos, ou de algum outro grupo discriminado, não significa que a instituição deixará de atuar de forma racista, pois a ação dos indivíduos é orientada pelos princípios estruturais da sociedade (Almeida, 2018).

Silvio de Almeida (2018), em seu livro *Racismo Estrutural*, apresenta outra questão importante, a supremacia branca nas instituições e, consequentemente, nos cargos de destaque, o que demonstra o quanto a sociedade é desigual:

> A supremacia branca no controle institucional é realmente um problema, na medida em que a ausência de pessoas não brancas em espaços de poder e prestígio é um sintoma de uma sociedade desigual e, particularmente, racista. Portanto, é fundamental para a luta antirracista que pessoas negras e outras minorias estejam representadas nos espaços de poder, seja por motivos econômicos e políticos, seja por motivos éticos. Mas seria tal medida suficiente? É uma prática antirracista efetiva manter alguns poucos negros em espaços de poder, sem que haja compromisso com a criação de mecanismos institucionais efetivos da promoção da igualdade? A liderança institucional de pessoas negras basta quando não se tem poder real, projetos e/ou programas que possam de fato incidir sobre problemas estruturais, como as questões de ordem da economia, da política e do direito? (p. 50).

As reflexões de Silvio de Almeida remetem à situação institucional do diretor adjunto do Colégio e dos poucos professores negros que estão, nesse espaço, ocupando cargos de liderança ou de aparente destaque social – mas não o exercício de um poder real, capaz de ultrapassar a supremacia branca. De fato, há a necessidade de quebrar esses paradigmas e criar políticas públicas eficientes capazes de romper com o ciclo do "racismo estrutural".

Uma outra questão apresentada pela professora Sandra, que se declara parda – embora seja vista como branca pelos outros professores da Instituição – foi que os alunos negros se colocam contra as cotas raciais e não gostam de debater temas relacionados ao racismo. No início do ano de 2022, a professora, que leciona a disciplina Projeto de vida, apresentou uma proposta de discussão à partir do filme "Vidas Cruzadas". De acordo com seu relato, os estudantes negros não demonstraram interesse em discutir as questões raciais contempladas no filme, como é possível constatar a seguir:

> Pesquisadora: *Como é que você percebe as questões raciais dentro dessas turmas suas do áudio?*

> Sandra: *Eu percebi quando eu falei de cota, eu percebi assim até um auto preconceito, com eles mesmos. Falando deles mesmo como se eles fossem inferiores, em relação a cota, a racismo. Isso me deixou um pouco preocupada.*
>
> Pesquisadora: *Bom, mas assim com relação ao racismo o que que você percebeu?*
>
> Sandra: *Eu falei vocês vão pensar, vocês vão pegar o celular, vocês vão estudar sobre lei, vão ver o que é isso, como se desenvolveu lá através da história, e a gente vai falar sobre isso sim. Mas eles não queriam, nenhum, nem que entrasse com o tema de debate. Olha gente, complicado! E aí os alunos brancos acham que não precisam debater isso, porque não é com eles. Ah professora deixa que ela fala. Pessoal vem pra cá deixa pro outro falar.*
>
> Pesquisadora: *E os alunos negros, o que falaram sobre isso?*
>
> Sandra: *Me falaram que eles são contra, contra, são contra, mas aí eu peguei um grupo a favor, para defender as cotas, mas foi difícil conseguir montar o grupo para defender. Expliquei que ia ser um grupo a favor e outro contra, iam ter que defender, ter argumento, para isso precisavam pesquisar, estudar. Mas a maioria era contra na verdade. Sabe, a Alexandra, uma negra, bem negra? Ela é contra! E ela se posicionou muito com isso, assim acho uma palhaçada, eu sou contra isso é só porque eu sou negra vou ter que ter direito a faculdade? Isso também é uma discriminação ela se posicionou assim, vê isso como uma discriminação* (Professora Sandra, Áudio e Vídeo, 2022).

Considerando que em alguns momentos as situações de racismo não são percebidas como tal, principalmente entre os alunos do curso de Áudio e Vídeo, o posicionamento contra as cotas raciais segue certa coerência; pois, os estudantes acreditam que o racismo é algo distante do cotidiano escolar. Esta perspectiva, de não existência do racismo dos estudantes do curso de AV não possa ser generalizada, visto que a discussão sobre cotas raciais não foi apresentada durante as conversas coletivas da pesquisa, e a professora Sandra não leciona nas demais turmas de 3ª série. O posicionamento contrário dos jovens das turmas da 3ª série do AV, corroboram com os dados da pesquisa realizada por Paulo Roberto da Costa (2016) e apresentada em sua dissertação de mestrado, cujo tema era: "Expectativa de jovens negros no Ensino médio". Segundo o autor, grande parte dos estudantes entrevistados se colocaram contra a Lei 12.711/12[15], sobre cotas raciais. Os estudantes da região de São Carlos-SP, onde o autor realizou sua pesquisa de campo, têm uma percepção similar àquela apresentada pelos alunos do AV – que as cotas reforçam o preconceito contra os negros, que inferiorizam os negros diante dos brancos, que os negros podem ser tão intelectualizados quanto os brancos...

As colocações dos estudantes do Dom Pedro, e do ensino médio de São Carlos, sugerem uma forte aderência à meritocracia, já que estes não enxergam o caráter reparatório da legislação citada, ou na equidade que tal política poderia propiciar se fosse posta em prática de maneira adequada. O que eles compreendem, dentro do processo, é que aqueles que empreenderem grande esforço individual farão jus a uma oportunidade em cursos do ensino superior, o que nada mais é que meritocracia, conceito já apresentado e discutido anteriormente.

A professora Sandra não explicita de maneira objetiva seu ponto de vista sobre as manifestações racistas dentro do Colégio, como é possível atentar por meio das respostas dadas sobre o tema. Quando a docente foi questionada sobre alguns professores que são muito rígidos com os alunos, Sandra argumentou: *"É para crescimento pessoal dos alunos, é uma cobrança do bem"*.

Questiono muito se seria de fato uma "cobrança do bem", pois como relatado no texto, no Capítulo I, a professora Celma foi responsável por crises de ansiedade que culminaram em desmaio em sala de aula, além de promover perseguições de cunho racista, como no caso das "implicâncias" com o cabelo cacheado de um aluno, cobranças que não são feitas com alunas brancas com longos cabelos lisos. A leitura feita pela professora Sandra, sobre o comportamento de Celma – que é uma das que mais promove as cobranças excessivas – parece superficial e condescendente, haja vista as reclamações dos alunos do curso de Química e das demais colegas que trabalham no Colégio, apontando o comportamento da referida professora, que é loira, com olhos verdes e obesa, como excesso de zelo com os alunos.

---

[15] A Lei 12.711/2012 torna obrigatório a reserva de 50% vagas nas universidades públicas e institutos federais para estudantes das redes pública. Em cada instituição federal de ensino superior, as vagas serão preenchidas, por curso e turno, por autodeclarados pretos, pardos e indígenas e por pessoas com deficiência, nos termos da legislação, em proporção ao total de vagas no mínimo igual à proporção respectiva de pretos, pardos, indígenas e pessoas com deficiência na população da unidade da Federação onde está instalada a instituição, segundo o último censo da Fundação Instituto Brasileiro de Geografia e Estatística – IBGE (Redação dada pela Lei n.º 13.409, de 2016).

As professoras pretas entrevistadas classificaram Celma como educada ao falar com elas, mas muito arrogante. Ana relatou que ao chegar ao Colégio era ignorada pela professora e alguns outros colegas; e Cássia diz ser bem tratada por Celma, embora perceba que ela busca manter contato para que Cássia endosse algumas das suas atitudes preconceituosas, como é perceptível na fala transcrita:

> Cássia: *E aí essas pessoas esquecem que estão falando com uma pessoa que é preta. Não veem a minha cor. Não, oh. É professora, está aqui, não sei o quê, a minha cor vai diluindo, diluindo, diluindo. E aí as pessoas falam, às vezes não falam barbaridades, porque as pessoas têm que se policiar do mundo, né? Mas as pessoas falam essas coisas que machucam, como foi o caso do cabelo do menino, era só pedir para prender, mas tem que falar um monte de coisa junto. Realmente no laboratório é perigoso, mexe com fogo, mas ela falou daquele cabelão todo dele, com aquele volume todo... Ela veio se justificar, assim, tipo, eu sou preta, ela queria meu aval para os absurdos que estava falando* (Cássia, Professora Biologia).

As reflexões contidas nas falas de Cássia levam a inferir que, em certa medida, as atitudes preconceituosas da professora Celma são cheias de intencionalidade, embora alguns professores e a equipe pedagógica afirmem que não, pois quando a professora busca pessoas para avalizar suas ações, há percepção de que suas atitudes são incorretas e ancoradas nos preconceitos diversos que constituem a sociedade. Almeida (2018), ao analisar o racismo e ideologia com base nas estruturas sociais, elucida como as ideologias moldam as estruturas, e consequentemente os comportamentos, inferências que podem auxiliar na compreensão do comportamento da professora Celma:

> [...] Entretanto, para as visões que consideram o racismo um fenômeno institucional e/ou estrutural, mas do que a consciência, o *racismo como ideologia molda o inconsciente.* Dessa forma, a ação dos indivíduos, ainda que conscientes, "se dá em uma moldura de sociabilidade dotada de constituição historicamente inconsciente". Ou seja, a vida cultural e política no interior da qual os indivíduos se reconhecem enquanto sujeitos autoconscientes e onde formam os seus afetos é constituída por padrões de clivagem racial inseridos no imaginário e em práticas sociais cotidianas (Almeida, 2018, p. 64).

Outro dado presente na fala de Cássia, que Almeida aborda na citação anterior, é sobre a clivagem racial, quando a docente cita "*sua cor ir diluindo*", o que vai depender muito da situação em que a pessoa está inserida, fazendo com que o racismo se manifeste das formas mais diversas, moldado pela ideologia.

As discussões presentes nas colocações das professoras Sandra e Cássia demonstram as muitas maneiras do "racismo estrutural" se manifestar na Instituição escolar. O que varia, na verdade, é a percepção que os sujeitos envolvidos, direta ou indiretamente, têm das manifestações, como foi evidenciado nas falas da professora Sandra, que não percebe ou não cita os comportamentos observados como racistas, e nas reflexões trazidas pela professora Cássia, que deixa explícita sua percepção sobre o racismo no Colégio. E as professoras brancas, como percebem as questões raciais na Instituição?

3.2.1 A branquitude e as questões raciais no colégio

Nas conversas empreendidas com as professoras, a pesquisa era apresentada com foco no sucesso escolar dos estudantes da 3ª série do ensino médio, e muitos temas foram surgindo, como o que era entendido como sucesso na concepção delas, os fatores propulsores de sucesso escolar, até que em algum momento, eram feitos questionamentos relativos à raça. No entanto, como a pesquisa de campo estava sendo realizada por uma mulher preta, a questão racial acabava por vir à tona, e, de maneira geral, levantados pelas próprias entrevistadas, principalmente as pretas e a parda, que desde o início informaram que realizavam discussões sobre a temática racial com seus alunos. Não obstante, as professoras brancas apresentaram um pouco mais de receio em abordar o tema, indicando que a percepção das pessoas brancas não é uma percepção racializada dos fatos, já que não é comum problematizar o lugar que as pessoas brancas ocupam nas questões raciais, fazendo parecer que este é um problema exclusivo dos negros.

Dessa forma, para compreender em profundidade a perspectiva das professoras entrevistadas, diretores e equipe técnica pedagógica do Colégio, grupo formado apenas por pessoas brancas, é necessário discutir o conceito de "branquitude" e suas implicações nas questões raciais do campo pesquisado. Na pesquisa desenvolvida por Maria Aparecida Bento, apresentada por meio de seu texto *Branqueamento e branquitude no Brasil* (2014), a autora discute a necessidade de compreender as questões raciais no Brasil por meio do conceito de "branquitude". De acordo com Bento (2014), nos grupos pesquisados ficou muito marcado que as questões raciais têm como foco de discussão os negros, e há um silenciamento sobre os brancos. Este fato faz com que os brancos não se reconheçam como parte do problema. O recorte apresentado a seguir elucida a questão da branquitude dentro das discussões raciais:

> Assim, o que parece interferir neste processo é uma espécie de pacto, um acordo tácito entre os brancos de não se reconhecerem como parte absolutamente essencial na permanência das desigualdades raciais no Brasil. E, à medida que nós do Ceert, fomos ministrando cursos dirigidos ao movimento sindical, tornou-se mais aguda a percepção de que muitos brancos progressistas que combatem a opressão e as desigualdades silenciam e mantêm seu grupo protegido das avaliações e análises. Eles reconhecem as desigualdades raciais, só que não associam essas desigualdades raciais à discriminação e isto é um dos primeiros sintomas da branquitude (Bento, 2014, p. 27).

Quando os problemas raciais permanecem focalizados nos negros, os privilégios de ser branco não são discutidos, e questões importantes deixam de ser problematizadas, como o constante deslocamento das questões raciais sendo analisadas como exclusivamente problemas de classe – como se ser branco e pobre tivesse o mesmo peso de ser preto e pobre no Brasil. Ser preto e pobre irá imputar ao sujeito um *déficit* muito maior em todas as áreas da vida: empregos com salários mais baixos, baixa escolarização, menos acesso à saúde e uma exposição muito maior à violência policial, aumentando consideravelmente o risco de ser assassinado. Há pessoas brancas com problemas de ordem econômica e social, certamente, mas o fato de ser branco aumenta as chances de obter empregos melhores, com remuneração mais digna e, consequentemente, de ter outros direitos assegurados.

Os problemas ligados à classe social existem, e não podem ser desprezados; porém na visão dos brancos progressistas, o problema dos negros está ligado apenas ao passado de escravidão, que para este grupo deixou uma herança bastante satisfatória, reafirmando a dominação de uma raça sobre a outra, e relegando aos negros uma herança de pobreza e exclusão social. Assim, a discriminação racial funciona como um meio de manter privilégios de um grupo sobre outro (Bento, 2014).

E os questionamentos apresentados pela professora Laura corroboram com a perspectiva apresentada por Bento (2014) sobre a manutenção de um ideal na sociedade de que há uma superioridade dos brancos, como fica evidenciado no recorte em que a professora questiona a figura do "branco salvador" em suas reflexões:

> Laura: *Os professores, os professores são todos brancos, né? E é o que reforça, fico muito triste com isso porque a pessoa reforça a figura do Branco Salvador. É tipo que você vem aqui, que você vai te ensinar nosso saber Isso me deixa muito mal, sabe? Eu fico muito constrangida. Por exemplo, você quer ver uma coisa? Como estas propagandas da TV de ajuda humanitária. Médico sem fronteira. O médico é branco. O médico é branco, e o pobre que está morrendo, passando fome, é preto. Então assim.. É, de que tem uma cultura que salva a outra. Então isso realmente me deixa muito incomodada. Como branca, e como professora, eu quero sempre sair desse lugar, sabe? Não sou eu que estou salvando nada. A gente está aprendendo junto* (Laura, Professora Do Regular e AV, 2022)?

A professora Laura foi a única das professoras com as quais conversei no Colégio que de fato problematiza o papel das pessoas brancas nas questões raciais. Ela percebe que o "branco salvador" nada mais é que a manutenção dos privilégios de uma raça sobre a outra, e a demonstração de uma suposta superioridade dos brancos sobre os negros, como é o naturalizado na sociedade.

A não percepção do "racismo estrutural" por parte dos estudantes foi uma questão abordada por Laura, que fez uma indagação propositiva de uma série de análises, como transcrevo a seguir: *"Será que os alunos não percebem esta questão do racismo por que eles aqui estão num gueto de pretos e pobres"*? Refletindo sobre a questão, neste gueto há uma proporcionalidade de alunos brancos com relação aos negros (pretos e pardos); dessa forma, o Colégio deixaria de ser um gueto. Nas falas de alguns alunos houve relato de situações de racismo, não são percebidas por razões diversas, como: não compreender o que é racismo de forma aprofundada, pois acreditam que só é racismo situações muito explícitas, e alguns poucos alunos, cerca de 3 do universo de mais de 40 alunos que participaram das conversas, disseram que: "*o Brasil é um país lindo e muito misturado, aqui ninguém pode falar de ninguém*", ratificando o "mito da democracia racial".

Já nas considerações apresentadas pela professora Helena, mulher branca, professora de Língua Portuguesa, ela alega quase não ter casos de racismo no Colégio, que os poucos que acontecem são de alunos do 1º ano que, segundo seu ponto de vista, ainda não tiveram tempo de passar por um trabalho de discussão sobre diversidade e respeito, ou como ela mesma colocou: "*Os alunos do 2º, 3º ano a gente já doutrinou, a gente já teve tempo de doutrinar para estas questões de diversidade e respeito com o outro, com o diferente da gente*".

Helena trouxe uma fala que, em certa medida, aponta para uma visão meritocrática do sucesso das pessoas negras, embora quando questionada sobre sucesso, no início da conversa, alegou não concordar com a meritocracia, pois as oportunidades não são iguais para todos. No entanto, no fragmento de fala aqui transcrito da fala da Professora Helena é possível perceber que há elementos que remetem à meritocracia:

> Helena: *Assim quando você vê casos de sucesso, você fala, ah, não, aconteceu alguma coisa. Ah, tem um pistolão. Não, às vezes é o esforço pessoal. Assim, quantas, você, Carlinha, vários amigos que eu tenho que que eu falei assim, cara, é o esforço pessoal. A gente sabe que a pessoa batalhou, o quanto que a pessoa ralou, o quanto que ela abriu mão de outras coisas. E, é, com certeza. Que uma menina uma vez falou pra mim, falou assim, eu tenho que fazer o dobro pra eu poder me destacar eu tenho sempre que fazer o dobro dos meus colegas que tem uma condição financeira melhor do que a minha ou que são brancos, e aí fica essa coisa que eu que eu acho muito ruim né? Que é esse discurso de, é, esses lugares de fala, de pretos e brancos. Não, não, nós somos uma coisa só. Eu vejo como uma coisa só, nós somos pessoas, né? Independente de qual é a tonalidade que a gente tem, nós somos pessoas* (Helena, Professora do AV, 2022).

As falas da professora Helena remetem às reflexões contidas no texto de Bento (2014), sobre a "branquitude", e o não se perceber como parte do problema do racismo, apresentar um aparente desconforto ao ter que falar sobre as questões raciais – desconforto que acaba inicialmente mascarando os problemas raciais, para só posteriormente reconhecer que há um impacto do racismo sobre a vida das pessoas negras, não percebendo, assim, a série de privilégios trazidos pela "branquitude". A professora, mesmo sendo uma pessoa progressista e não racista, não consegue perceber os privilégios que possui, ou alguns poucos privilégios que as pessoas pretas que ela cita como bem-sucedidas, tiveram, para que pudessem obter sucesso em suas carreiras, caracterizando o êxito como esforço pessoal ou meritocracia.

Esta percepção dos negros que conseguem ascender socialmente como algo conquistado por meio do mérito, faz com que os negros não possam ter seu próprio grupo como referência. Essa percepção ratifica uma ideologia do branqueamento, que coloca as características individuais como responsáveis pelo alcance do sucesso daquele indivíduo. Este pensamento contribui para reforçar o discurso de que os negros que não alcançam ascensão social/sucesso, se deve ao fato de não se esforçarem o suficiente para conseguir, são preguiçosos ou desinteressados. Este pensamento desconsidera as questões raciais como entraves para o sucesso, ancorando o problema no indivíduo e não no "racismo estrutural", e, também, as questões sociais que vem a reboque com o racismo e o preconceito. Para compreender em profundidade a situação dos negros que alcançam ascensão social/sucesso, é preciso analisar a questão relacionalmente, considerando vários fatores, e não apenas as aspirações individuais (Souza, 1983).

Há um impacto na trajetória escolar dos alunos negros, pois como relatado pela aluna, "é preciso fazer mais, ser muito melhor", para que as alunas e alunos negros sejam percebidos como bons, que o sucesso seja notado e reconhecido. Para os estudantes negros não basta obter boas notas, há a necessidade de alcanças destaque por bom comportamento, na sociabilidade, para que sejam valorizados e reconhecidos; caso contrário, haverá sempre um senão invalidando as conquistas. Dessa forma, é inegável que o "racismo estrutural" impacta negativamente os estudantes negros, criando barreiras e dificultando o progresso escolar.

As questões raciais presentes no Colégio, a falta de entendimento de certos acontecimentos como expressão de racismo – como o comportamento de alguns professores, as brincadeiras com referência à raça e até mesmo as tentativas de apagar, ou minimizar, o racismo e as discussões raciais – demonstram de maneira bastante objetiva que há racismo no Colégio e que esse fato não é algo discutido de maneira sistemática.

Nas conversas informais realizadas com professores e funcionários, fui informada que existem professores no Colégio que acusam seus colegas de "doutrinadores" e "marxistas", e que certas atividades acabam sendo rotuladas por este grupo radical. Gerando, inclusive, denúncias, como aconteceu no ano de 2019, quando foi realizado um evento da semana da consciência negra, que foi "denunciado", por assim dizer, a um deputado federal de extrema direita. Esse deputado invadiu o Colégio alegando que estava ali para "fiscalizar" as ações da direção da escola, dos eventos que visavam "doutrinar" os alunos, e para combater o "marxismo cultural". A atitude do então deputado foi denunciada por outros tantos professores como abuso de poder, constrangimento e desconhecimento da legislação educacional. O agressor foi processado pela diretora geral, condenado e teve que indenizar a vítima.

Como vemos, este acontecimento demonstra o quanto o "racismo estrutural" está presente na escola, sendo praticado não apenas entre os alunos, mas, principalmente, por professores que reproduzem as estruturas sociais sem refletirem sobre o seu papel como educadores, pessoas que deveriam contribuir para ampliar as maneiras de compreender o mundo.

A questão leva a alcançar a necessidade de uma maior divulgação da lei que trata das questões ético raciais na educação, e de uma formação de professores mais profícua, para que as questões sejam debatidas e, principalmente, fundamentadas, pois a falta de conhecimento gera e ratifica preconceitos diversos. Dito isto, na próxima seção abordarei os aspectos legais das discussões étnico raciais na educação e como a legislação deveria impactar a formação de professores.

3.3 Legislação sobre relações étnico raciais e a formação de professores: uma discussão emancipatória

A discussão sobre formação de professores para a educação das relações étnico raciais, com vistas a uma educação antirracista é recente. Até a promulgação da Lei n.º 10.639/2003, que chegou ao congresso por meio de muita luta dos movimentos sociais, pensar uma educação antirracista não era pauta, tampouco fazia parte do itinerário acadêmico nos cursos de licenciatura. As articulações ganharam força a partir dos anos de 1980, pois neste período, com a redemocratização do país, ocorreram mudanças significativas na perspectiva de lutas contra o racismo. Anteriormente a luta do movimento negro visava combater a ditadura civil militar vigente no país (Pereira, 2016). Desse modo, as estratégias ganham novos rumos passando pela busca de ações afirmativas para os negros no Brasil, como a referida lei, e também a lei de cotas raciais.

As Leis n.º 10.639/2003 e 11.645/2008 podem ser consideradas como propulsora de avanços na discussão étnico-racial nas escolas, trazendo à tona pontos importantes, antes trabalhados apenas pelo movimento negro em espaços específicos e que estiveram em discussões e ações do movimento. As ações não aconteceram de forma estanque, apenas no momento da criação da lei, e abriram caminho para outras tantas discussões no plano acadêmico, levando um germe deste debate para a formação de professores.

Como resultado direto ou indireto das proposições do Movimento Negro, é possível destacar algumas ações sistematizadas na área educacional e social, como as que elenco a seguir: o Plano Nacional de Implementação das Diretrizes Curriculares Nacionais da Educação para as Relações Étnico- raciais e para o Ensino de História e Cultura Afro- Brasileira e Africana (2009); a Lei Federal 12. 288/2010, que institui o Estatuto da Igualdade Racial; a Lei n.º 12.711/2012 que dispõe sobre as cotas raciais para ingresso nas universidades federais e nas instituições federais técnicas de Nível médio; aprovação das Diretrizes Curriculares Nacionais para a Educação Escolar Quilombola- Parecer CNE/CEB 08/12, pelo Conselho Nacional de Educação; e a sanção da Lei 12.990/2014, que aprovou a reserva de vagas 20% das vagas em concursos públicos e para cargos públicos, em empresas e autarquias administrados pela União (Gomes, 2017).[16]

Pensar e executar uma educação antirracista precisa passar por uma formação de professores inicial e continuada que traga reflexões e busque práticas sobre a temática, considerando que grande parte dos docentes, já inseridos nas instituições de ensino, foram formados sob a égide do mito da democracia racial, acreditando que todos têm as mesmas oportunidades na sociedade e, principalmente, na educação. Alguns elementos de combate ao racismo, como as discussões acadêmicas sobre o tema, deveriam compor os currículos da formação dos professores em todos os níveis de ensino e das ciências da educação que discutem a práxis educacional.

Os professores são, ou deveriam ser, responsáveis pela elaboração dos currículos escolares, que de forma consciente ou inconsciente trazem fortes elementos da cultura hegemônica. Há uma construção e recons-

[16] É importante destacar que as manifestações do Movimento Negro foram ouvidas, pois o momento era favorável, o país vivia um sob a égide de governo progressista, o qual não marginalizava os movimentos sócias. Toda essa legislação, apresentada de forma sintética, foi promulgada nos governos do ex presidente Luís Inácio Lula da Silva e da ex presidenta Dilma Rouseff.

trução de saberes a serem abordados pela escola em seus currículos; e quando os docentes passam a ter clareza destes elementos constituintes do currículo, e de suas práticas pedagógicas, a construção de uma educação equânime pode ocorrer. Mas para que isto aconteça os profissionais da educação não podem ser alijados do direito à elaboração dos currículos e de conhecimentos básicos que podem contribuir para erradicar preconceitos.

A formação de professores com vistas ao trabalho com as relações étnico raciais, deve contemplar aspectos voltados à sensibilização dos docentes, à criação de estratégias ligadas ao combate a toda forma de discriminação e preconceito. Discutindo os pontos nevrálgicos e de tensão que a temática implica, como os campos de disputa curriculares na formação docente.

Existe uma hierarquia não expressa nas disciplinas que compõem as licenciaturas, principalmente no que tange à formação dos professores especialistas em disciplinas específicas, como Língua Portuguesa, Matemática, História, entre outras. Habitualmente, os componentes curriculares que abordam a formação específica ganham mais destaque e valor, e as disciplinas do corpo pedagógico (disciplinas pedagógicas), são deixadas em segundo plano. Nos cursos de Pedagogia, onde são formados professores generalistas para os anos iniciais e técnicos educacionais, esta ordem de conteúdos hierárquicos (disciplinas como Didática, Fundamentos da Educação) são mais valorizados, podendo variar de acordo com o interesse na futura atuação das estudantes; ou seja, se serão professoras ou desempenharão funções técnicas, como coordenadoras pedagógicas, orientadoras educacionais ou gestoras, dentre outras funções.

Para Ferreira (2019), em sua pesquisa sobre a questão étnico racial na formação de professores, os resultados indicaram que há uma hierarquia entre os saberes e que estes saberes fazem parte de um campo em constante disputa, estando em grande parte à serviço das elites dominantes. Dessa forma, não há interesse, inclusive por parte dos docentes, em discutir relações étnico raciais ao longo da formação acadêmica, ou mesmo em momentos de formação continuada, como está descrito a seguir:

> Uma abordagem sociológica ajudou a evidenciar que entre os conhecimentos escolares não é atribuído o mesmo valor, considerando que no interior de um mesmo currículo, certas matérias "contam" verdadeiramente mais que outras, seja por seus horários, seja por seus pesos relativos na avaliação

> que é feita dos alunos. Isso resulta de alguma forma, na desvalorização ou na valorização de determinados conhecimentos acadêmicos (Ferreira, 2019, p. 179).

Pensar nas questões curriculares considerando este campo de disputas e no desprestígio social de certos conteúdos remete às colocações da professora Ana, quando informou sobre um dos projetos da Secretaria de Estado de Educação do Rio de Janeiro - SEEDUC/RJ, que propõe a criação de grupos de discussões sobre questões como raça e gênero nas escolas da rede estadual. Porém, as informações oferecidas pela professora indicam que a elaboração da cartilha não passou pelas discussões com professores e alunos sobre o que é necessário, e parece ser algo para apenas fazer cumprir a legislação vigente, como é observado no trecho a seguir:

> Ana: *É, então essa comissão era pelo que eu conversei com o Oliveira lá da regional, é para fazer cumprir a lei da obrigatoriedade de ter o ensino da cultura, é a 10.639. E aí o que que acontece? Não existe um método correto para fazer não. Eles mandaram uma cartilha e nós teríamos que trabalhar essa cartilha. E aí como o Oliveira que é o responsável estadual por isso, ele não dá conta de estar em todas as escolas, ele pediu ajuda aos professores para participarem dessa comissão. Não. A Andreia jogou lá no Zap, né? E tal, e eu falei que eu queria participar. Eu não sabia nem do que se tratava não, depois que eu fui ver o que que é. E ele falou comigo que também nessa comissão trabalharia outras questões de interculturalidade. A questão de gênero, outras coisas... Mas o que acontece? Eu dou aula de Química e Biologia. Então para encaixar isso na minha disciplina é complicado. Num ano pós-pandemia, com todas as dificuldades que eles estão... Então eu pedi ajuda de alguns professores de projeto de vida. De Sociologia. Filosofia para estar trabalhando esse ano essa cartilha. Mas vou ser bem sincera com você. O que o Estado quer é assim que se faça, é trabalhe aquela cartilha, faça foto ou que faça assim trabalhe as datas. "Dia do índio", "dia da consciência negra". Pelo amor de Deus!! Querem tanto que teve a data, eles querem que você tenha lá foto de algum trabalho e mande pra eles e aquilo ali fica documentado* (Ana, Professora Biologia/Química, 2022).

No fragmento apresentado de seu relato, há uma série de pontos a serem analisados: *"o fazer cumprir a lei"*, sem que haja uma preocupação com os reflexos da falta de discussões sistematizadas sobre o tema, de maneira que todos os professores se sintam capazes de realizar estes debates, independente da disciplina que lecionem, como preconiza a legislação vigente: "§ 2o *Os conteúdos referentes à História e Cultura Afro--Brasileira serão ministrados no âmbito de todo o currículo escolar, em especial nas áreas de Educação Artística e de Literatura e História Brasileiras*" (Brasil, 2003). Dessa forma, os conteúdos os quais a Lei 10.639/2003 se refere devem ser trabalhados em todo currículo escolar, em todas as disciplinas, e não exclusivamente em Artes, Literatura e História. Ditos isto, é preciso considerar que o problema está localizado no "fazer cumprir a lei", sem suas observâncias, pois não há um material preparado que problematize as questões raciais, de gênero e culturais existentes, visto que, de acordo com as falas da professora, a cartilha, aborda aspectos históricos das questões raciais, sem abranger as lutas e problemas atuais sofridos pela população negra do país. "*É uma abordagem histórico-cultural, falando da formação do povo, língua, artes, por aí*" (Ana, 2022).

Outra consideração que a fala da docente propõe, é a falta de uma formação continuada de professores que vise discutir de maneira sistematizada as questões étnico raciais e as de gênero. Como posto anteriormente, os professores, de modo geral, não foram formados por currículos que contemplassem tais demandas. Assim, o processo de formação continuada dos docentes é fundamental para que estas distorções sejam corrigidas. A falta de formação adequada é percebida até nos termos usados pelo gestor da SEEDUC/RJ, e nas ações propostas, uma vez que propõe que sejam "tiradas fotos", para que haja o registro formal da ação desenvolvida, sem o devido cuidado com o tema propriamente dito. A dinâmica apresentada para o trabalho com a cartilha remete ao praticado de forma corriqueira: o trabalho com datas comemorativas. Isto posto, a proposta é realizada de maneira esvaziada de sentido, apenas para cumprir um calendário de datas, ou mesmo "para fazer cumprir a lei" e ratificar estereótipos contra negros, indígenas, mulheres e a população LGBTQI+.

Contudo, não podemos desconsiderar que o processo de formação docente é contínuo, dinâmico e abarca pensamentos da nova historiografia, que contribui na constituição de um novo olhar em relação à forma como é vista a História dos negros escravizados, na contribuição deste povo, assim como dos indígenas, na construção social e econômica brasileira. Muitas ações pedagógicas no espaço escolar têm acontecido apenas nas datas comemorativas e momentos que mais ratificam estereótipos, do que de fato para contribuírem nas discussões fundamentadas que desconstroem mitos e preconceitos.

Como apontam Oliveira e Lins (2020), há uma afirmação da temática racial nos espaços escolares, que vêm se constituindo por meio de pressões exercidas pelos movimentos negros e discussões acadêmicas que ganham corpo e reverberam socialmente. Dessa forma, a questão se torna relevante à medida que entrelaça conhecimento, socialização e educação, estando presente nos espaços escolares e cobrando dos docentes uma tomada de posição. O momento não se restringe tão somente a denúncias de práticas de racismo, preconceito, discriminação, mas à elaboração de práticas pedagógicas que revelam mudanças na formação dos professores, seja por pressão dos movimentos sociais, seja por iniciativa dos próprios professores.

Construir uma educação progressista, fundada na busca pela diminuição das desigualdades sociais e raciais, faz com que docentes compreendam que é necessária uma mudança de paradigma, no modo de enxergar e realizar as práticas educativas que discutam as relações de poder, como se constitui a estrutura social que valoriza os saberes produzidos e valorizados pela elite, que é racista e classista. E fazer pensar como a nova legislação sobre educação antirracista pode causar impacto sobre a formação de novos docentes.

Como observado nos apontamentos das professoras entrevistadas, a diversidade cultural e racial no Colégio é considerada, mas não há uma problematização na maneira como está posta, não propiciando reflexões sobre a docência e diálogos sobre o contexto brasileiro, sobre as políticas de ações afirmativas, para assim atingir uma perspectiva de uma educação equânime a antirracista. Ademais, toda a legislação vigente precisa, de fato e de direito, compor a formação docente inicial e continuada. Os professores da Educação básica deveriam ter amplo acesso à formação e capacitações que levem a reflexão sobre a presença, não apenas da diversidade cultural no espaço escolar, mas também dos desdobramentos do "racismo estrutural". O material produzido pela SEEDUC/RJ parece não dar conta deste processo de formação e reflexão – e sequer foi apresentado a todos os docentes para que o debate pudesse acontecer de forma democrática e ampla, de maneira a propiciar, talvez, uma compreensão dos comportamentos preconceituosos. Essa compreensão por parte dos docentes permitiria aos estudantes a compreensão do ciclo das desigualdades educacionais, do "racismo", propiciando uma reflexão crítica a respeito das situações a que são expostos no cotidiano escolar.

No próximo capítulo buscarei discutir se, e em que medida, o capital cultural e o capital social, nos termos de Bourdieu (2007), podem contribuir na construção de trajetórias de sucesso de estudantes negros do ensino médio. Embora o autor não tenha se debruçado sobre as questões raciais, ao longo do meu trabalho de campo surgiram questões que, se analisadas à luz de seus conceitos – como trajetória social, *habitus*, capital cultural, social, econômico e simbólico – podem contribuir na elucidação de alguns pontos fundamentais.

CAPÍTULO IV

TRAJETÓRIAS SOCIAIS E OS CAMINHOS PARA O SUCESSO

Neste capítulo, ancorada na perspectiva de Pierre Bourdieu (2007), irei analisar de que forma os agentes sociais, e a estrutura dos capitais (social, cultural e econômico), podem contribuir na construção do sucesso escolar das alunas e alunos negros. Assim, as análises serão pautadas nas trajetórias individuais dos jovens entrevistados, apresentados no Quadro IV.

Após as conversas iniciais foram selecionados(as), com base no perfil e nas discussões desenvolvidas, 6 jovens para participar das entrevistas, os quais apresento no quadro a seguir, com os nomes alterados para que as identidades dos interlocutores(as) sejam preservadas:

Quadro V – Perfil dos(as) interlocutores(as)

Nome	Autodeclaração	Curso	Turma
Elisa	**Parda – mãe branca pai preto**	**Áudio e vídeo**	**3002**
Marcelo	**Preto – pais pretos**	**Áudio e vídeo**	**3001**
Michelle	**Preta – pais pretos**	**Química**	**3002**
Natália	**Preta – mãe parda, pai preto**	**Química**	**3002**
Raiane	**Preta – pais pretos**	**Regular**	**3004**
Jessica	**Preta – pais pretos**	**Regular**	**3003**

Fonte: dados extraídos do arquivo pessoal da pesquisadora

A escolha dos estudantes que seriam entrevistados individualmente se deu com base nas conversas coletivas, em que estes jovens foram apontados, tanto por seus colegas quanto pelos professores, como alunos de sucesso. Considerando o que foi posto como "sucesso", pelos interlocutores e os agentes que representam o Colégio, não caberia mais utilizar apenas as notas como referência para o "êxito" dos estudantes. Cabe informar que a única estudante que não seguiu este critério foi Jéssica: a aluna se mostrou muito disponível nas conversas coletivas, mas é percebida por seus colegas como uma aluna que não alcança resultados expressivos, perspectiva que é compartilhada pela professora Cássia. No entanto, Jéssica exerce uma liderança junto aos colegas. As colocações e ponderações de Jéssica são interessantes e passíveis de análises capazes de contribuir no entendimento das trajetórias escolares dos jovens interlocutores de pesquisa. Dito isto, passo a apresentar o conceito de "campo" "trajetória social" e "habitus", desenvolvido por Bourdieu, para que as análises individuais sejam empreendidas.

De acordo com os estudos realizados por Bourdieu (1998), para compreender a "trajetória social" dos agentes sociais, é necessário um entendimento sobre o campo no qual eles estão inseridos. Segundo Bourdieu (1983), os campos podem ser compreendidos da seguinte forma:

> O social é constituído por campos, microcosmos ou espaços de relações objetivas, que possuem uma lógica própria, não reproduzida e irredutível à lógica que rege outros campos. O campo é tanto um "campo de forças", uma estrutura que constrange os agentes nele envolvidos, quanto um "campo de lutas", em que os agentes atuam conforme suas posições relativas no campo de forças, conservando ou transformando a sua estrutura (Bourdieu, 1996, p. 50).

As dinâmicas sociais ocorrem dentro de um campo. Espaço estruturado de relações, as posições que os agentes ocupam no campo são configuradas pelos capitais que lhe dão sustentação (cultural, social e econômico). No campo há uma relação de forças e luta por dominação que se manifestam de acordo com as posições que os agentes ocupam, em suas relações de força e na distribuição dos capitais (Cherques, 2006).

Para analisar as trajetórias dos estudantes, e os movimentos que estes agentes sociais fazem dentro do campo, é preciso levar em conta que estes são orientados pelo *habitus* relacionado à origem social. O *habitus,* segundo as reelaborações do conceito por Bourdieu, pode ser entendido como:

> [...] sistema de disposições socialmente constituídas que, enquanto estruturas estruturadas e estruturantes, constituem o princípio gerador e unificador do conjunto das práticas e das ideologias características de um grupo de agentes (Bourdieu, 1998, p. 191).

Este sistema de situações duráveis e transponíveis, que está gravado na história individual e coletiva, se manifesta na materialidade do corpo, na estrutura social, tornada estrutura mental. O *habitus* não deve ser visto como uma aptidão natural, mas social, que é variável através do tempo, lugar e, principalmente, das relações de poder estabelecidas. É durável, mas, não estático, explica questões de gosto e de consumo – como música, roupas, alimentação, escolhas políticas e românticas (Wacquant, 2007).

Este princípio de socialização e individualização compreendido como *habitus,* constitui as trajetórias sociais dos estudantes no campo em que estão inseridos, e permite compreender o princípio gerador de escolhas e atitudes. Assim, é possível tomar como exemplo a escolha dos jovens por alguns cursos e até mesmo a perspectiva de futuro fundadas no *habitus* da classe à qual pertencem.

As tomadas de posição dos agentes dentro do campo, estão relacionadas ao *habitus,* assim como as realizações destes indivíduos estão relacionadas a este sistema de disposições constituídas socialmente, possibilitando que os agentes exerçam ou não influência dentro do campo. No trecho a seguir, esta relação entre campo, *habitus* e a atuação dos agentes sociais, está melhor elucidada:

> O efeito de campo exerce-se, de certo modo, em resultado da confrontação com as tomadas de posição de todos, ou de alguns apenas, dos que também estão empenhados nele (e que são outras tantas encarnações diferentes e antagônicas da relação entre um *habitus* e um campo): o espaço dos possíveis realiza-se em indivíduos que exercem uma "atração" ou uma "repulsão" que depende do "peso" que possuem no campo, quer dizer, da sua visibilidade, e também da maior ou menor afinidade dos *habitus*, que induz a considerar "simpáticos" ou "antipáticos" o seu pensamento e sua ação (Bourdieu, 2004, p. 31).

A maneira como os interlocutores da pesquisa se posiciona no campo, portanto, tem uma relação direta com seus respectivos *habitus* e suas trajetórias sociais. Assim, a compreensão desses conceitos irá auxiliar nas análises que serão empreendidas a respeito dos estudantes, as escolhas dos cursos e de suas relações com os agentes escolares.

Uma trajetória social é a objetivação das relações entre os agentes e as forças presentes no campo. Essa objetivação é o que resulta na trajetória (Bourdieu, 1996b). Desse modo, o campo é o espaço social onde estas trajetórias são desenhadas.

Neste processo de análises, as especificidades dos cursos técnicos, que não estão presentes no regular, são passíveis de análises, já que existe uma diferenciação hierárquica. No curso de Química, como mencionado no primeiro capítulo da tese, há um investimento das famílias, pois acreditam que seus filhos conseguirão uma melhoria na qualidade de vida após a conclusão e ingresso imediato no mercado de trabalho. O AV não goza do mesmo prestígio entre as famílias, que acabam por não valorizar os esforços dos alunos, como mencionado pelos estudantes. Os jovens do Regular concluem o ensino médio, muitas vezes já inseridos no mundo do trabalho, alguns com perspectiva de dar continuidade aos estudos, cursando o ensino superior. E são essas particularidades que pretendo discutir ao longo das análises realizadas.

4.1 Os estudantes e suas trajetórias sociais: uma análise dos processos escolares

Neste tópico irei apresentar meus interlocutores e o que foi possível depreender das conversas realizadas. Algumas entrevistas foram realizadas presencialmente e outras por meio de aplicativo de mensagem, pois os alunos estavam envolvidos em algumas atividades acadêmicas e não estávamos conseguindo disponibilidade de horário para os encontros presenciais.

4.2 Elisa: "*Esta escola é branca demais*"

A primeira estudante a ser apresentada é Elisa, turma 3002, curso Técnico de Áudio e Vídeo, a conversa com Elisa foi realizada em 2 momentos distintos: iniciamos presencialmente e finalizamos por aplicativo de mensagens. A jovem de 16 anos se declara parda, tem pai preto e mãe branca. Vive apenas com a mãe, que tem outro companheiro e um filho com ele. O pai de Elisa possui ensino médio completo e sua mãe também, e esta trabalha como cuidadora de idosos. Elisa não informou se este homem que vive com sua mãe é branco ou não.

Ela é moradora do Município de Duque de Caxias, e as queixas sobre transporte e a carga horária do curso são constantes, já que ela sai de casa, às 5h, e acaba retornando por volta das 20h, fazendo com que o contato com a família seja mínimo, segundo a estudante. Outro dado apresentado está relacionado às distâncias percorridas entre a casa e a escola, que acabam por "*atrapalhar as notas, e a realização das tarefas*". Pois, de acordo com as informações prestadas, perde-se muito tempo no transporte.

Elisa em muitos momentos da conversa se queixa da falta de apoio da família, que, segundo sua compreensão, não acompanham seu processo escolar, não apoiam suas conquistas e não compreendem o que para Elisa são êxitos, eles não veem da mesma forma. Segundo relato da aluna, sua família não tem influência nenhuma em seu desempenho escolar, como fica evidenciado a seguir:

> Pesquisadora*: Qual o papel da sua família em seu desempenho escolar?*
>
> Elisa*: Acho que nenhum mesmo, eu fico fora a semana inteira, eu saio de casa muito cedo, chego em casa tarde, tomo banho, janto e vou dormir. Final de semana também não fico em casa, porque eu faço curso. Então não tem conversa, não tem diálogo, então não tem nenhum papel* (Elisa, 3002 AV, 2022).

Durante a conversa presencial e por mensagem, Elisa faz questão de reafirmar a ausência do estímulo da família em seu processo escolar, que mesmo durante a pandemia, sua mãe permaneceu trabalhando, e as tarefas domésticas eram sua atribuição, não sendo em nenhum momento valorizadas pelos familiares, ainda que eles soubessem que as tarefas dificultavam a participação nas aulas síncronas.

A jovem, que é muito articulada ao falar, exerce uma liderança junto aos colegas, explicita o quanto a relação afetuosa com seus amigos é fundamental para a permanência no Colégio, para os resultados positivos que obtém, e o quanto os professores são fundamentais neste processo. Elisa é egressa de uma instituição de ensino privada de Duque de Caxias, mas faz questão de salientar que no atual Colégio estão os melhores professores do Estado.

Elisa foi a aluna que ao falar do Colégio, alegou que este era "muito branco", se referindo aos professores e à gestão da Instituição: "*o que eu espero ver daqui pra frente, é ter mais professores negros ou diretores, não sei, mas ter uma inclusão maior*" (Elisa, 2022). E, apesar das colocações da estudante, a turma à qual ela pertence declara haver poucos casos de racismo na escola e, que de forma geral, não ocorre entre os estudantes do Áudio e Vídeo, já que na perspectiva dos estudantes eles são uma "grande família" que se apoia e, quando ocorre algo, é em tom de "brincadeira".

Refletindo sobre a trajetória de Elisa, alguns pontos merecem destaque: as questões raciais que apresentam uma perspectiva do quanto há de racismo estrutural na organização escolar, impactando o modo como os jovens se enxergam no espaço, e nas possibilidades de futuro, pois retomando a fala da Professora Cássia: "*Como chegar a um lugar que você não sabe que existe*?" E esta jovem, que não se vê representada, percebe os problemas raciais externos ao Colégio, a falta de oportunidades para os negros, o racismo estrutural, as diferenças salariais entre pretos e brancos – embora reconheça que sua pele clara lhe concede alguns privilégios, sendo um deles o de nem sempre ser lida como negra. Mas, como apontado anteriormente, os estudantes negros enxergam a Instituição como um espaço de proteção, talvez por ser um local com muitos pardos e alguns pretos, representando bem a estrutura racial do país.

Outra informação relevante é o fato da aluna ser egressa de uma instituição privada de ensino. Elisa narrou que durante a pandemia o conteúdo das disciplinas que não eram específicas do curso, como Português e Matemática, já havia sido ensinado no 9º ano do Ensino fundamental. Esses conhecimentos proporcionaram certa vantagem sobre os outros estudantes; a aluna também frequenta outros cursos, como forma de complementar a educação recebida na escola.

Os cursos podem ser vistos como uma forma de investimento realizado pela família na aquisição de capital cultural, há um investimento de capital econômico[17] para que a jovem possa receber formação complementar, mesmo a jovem alegando que sua família não se importa com seu rendimento escolar, não a apoiando. Contudo, do ponto de vista da família esta pode ser a melhor maneira de incentivar os estudos e, consequentemente, na facilitação da obtenção de bons resultados no Colégio.

[17] Elisa não soube informar sobre a renda familiar quando questionada sobre o tema, e eles não integram programas sociais.

Dessa forma, é possível inferir que Elisa é portadora de "capital cultural institucionalizado", que de acordo com Bourdieu (2007), se materializa na forma dos diplomas que os agentes são capazes de adquirir por meio das instituições de ensino, como definido pelo autor:

> A objetivação do capital cultural sob a forma do diploma é um dos modos de neutralizar certas propriedades devidas ao fato de que, estando incorporado, ele tem os mesmos limites biológicos de seu suporte. Com o diploma, essa certidão de competência cultural que se confere ao seu portador um valor convencional constante e juridicamente garantido no que diz respeito à cultura, a alquimia social produza forma de capital cultural que tem uma autonomia relativa em relação ao seu portador e, até mesmo em relação ao capital cultural que ele possui, efetivamente, em um dado momento histórico (p. 78).

Embora para esta análise tenha sido utilizado o conceito de "capital cultural institucionalizado", há de se considerar as reflexões de Piotto e Nogueira (2021), ao apresentar uma visão ampliada de capital cultural, que levam em conta todas as mudanças ocorridas na sociedade, com o advento das tecnologias, as quais trouxeram novas formas de se relacionar com os agentes sociais e com a cultura, de modo geral. Essas mudanças, certamente impactam as trajetórias escolares dos estudantes, e as formas de alcançar sucesso, como é perceptível na trajetória de Elisa. Mas será o capital cultural institucionalizado o único meio de obter sucesso escolar? O conceito de capital cultural desenvolvido por Bourdieu em meados dos anos de 1960, ainda é utilizado para analisar-o fracasso escolar dos estudantes das classes populares e as desigualdades educacionais, mas, este conceito ainda é capaz de esclarecer as desigualdades educacionais e o fracasso escolar localizado neste grupo específico? Ao apresentar e analisar as trajetórias dos outros interlocutores, acredito que será possível responder a estes questionamentos.

4.3 Marcelo – "*Eu me declaro negro porque é visível, e eu me encaixo na cultura*"

Marcelo é aluno de 17 anos da turma 3001 do curso de Áudio e Vídeo. Tem um visual arrojado, é preto, assim como seus pais, morador de Petrópolis e se mostrou disponível em participar da pesquisa. Tem uma fala articulada, mas respondia o que era perguntado em linhas gerais, não ampliando muito a discussão. Foi assim na conversa em grupo, e também na individual. A entrevista ocorreu de forma presencial.

A mãe do estudante não trabalha, apenas seu pai, e ambos concluíram o ensino médio, sendo portadores de capital cultural institucionalizado, fato que pode contribuir na articulação da linguagem do aluno. Marcelo falou algumas vezes que a mãe tem problemas de saúde, e por isso, durante a pandemia ele ajudava bastante em casa com a irmã mais nova e com as tarefas domésticas. Fato que de seu ponto de vista atrapalhava bastante durante as aulas online, já que havia muitas formas de distração, como é perceptível no trecho transcrito:

> *Marcelo: Minha mãe cuidava da casa junto comigo, na verdade eu ajudava ela a cuidar da casa, porque a maioria das vezes ela ficava doente e tal. E quando ela saía, eu tinha que segurar a barra, e cuidar da minha irmã. Então era meio que impossível de estudar, mas eu me esforcei bastante. Porque chegou uma hora que eu meio que desanimei de estudar, mas daí eu fui lá, fazer o quê? Eu voltei pro Colégio e consegui até aprender bastante coisa, em relação a outras pessoas, mas foi mais questão de querer mesmo. Porque é muito difícil!* (Marcelo, Estudante AV, 2022).

Para Marcelo as tarefas domésticas e os cuidados com a mãe atrapalhavam bastante a participação durante as aulas. No entanto, apesar da desmotivação que o acometeu, ele permaneceu participando das aulas e realizando as tarefas da forma como foi possível. Marcelo tem um bom rendimento acadêmico e diz que procura aproveitar todas as oportunidades para estudar, porque pensa que seria um desperdício de tempo não aproveitar, pois se não fosse assim poderia estar trabalhando para ajudar com dinheiro em casa.

Durante a conversa o jovem explicitou achar muito injusto a aprovação automática que ocorreu no ano de 2020, e de certa maneira também em 2021, visto que ele se esforçou para obter boas notas, e mesmo os que não fizeram nada em 2020 também foram promovidos. Segundo os estudantes da turma 3001 AV, no ano de 2021 já foi necessário entregar alguma atividade e participar das aulas online para obter a promoção. Na percepção de Marcelo, essa dinâmica foi um pouco mais justa. Contudo, o aluno enaltece os professores do curso, dizendo que todos são muitos bons e procuram ajudar o máximo possível a todos, sem distinções.

Entre os alunos Marcelo diz haver brincadeiras, mas grande parte delas não estão relacionadas a raça, e pode ser que ocorra alguma questão racista em outras turmas, fora do AV, mas em seu curso "*todo mundo se gosta e se respeita, e caso alguém faça algo que ofenda, logo pede desculpas e fica tudo de boa*". Os apontamentos de Marcelo sobre as questões raciais dentro da escola corroboram com os de Elisa e dos demais alunos entrevistados do AV. Mesmo alegando se identificar com a cultura negra – com o estilo, com a música negra como o "rap" – nas falas do aluno não há qualquer menção às questões raciais dentro do Colégio ou fora dele. Essa ausência nos leva a pensar que em sua perspectiva, o racismo não influenciaria o rendimento escolar.

Marcelo diz gostar do curso e que pretende trabalhar com edição de vídeos após se formar, mas ainda não consegue definir se fará uma graduação nessa área ou mesmo se dará continuidade aos estudos em nível superior, considerando a necessidade de trabalhar após concluir o ensino médio. E, mesmo diante de tantas incertezas, o estudante acredita que estudar é a melhor maneira que alcançar uma vida melhor e obter "sucesso".

A continuidade de programas sociais como o Prouni e o Reuni, criados no governo do ex presidente Luiz Inácio Lula da Silva, com objetivo de aumentar o acesso às universidades privadas e o aumento de vagas em universidades públicas, programas mencionados na introdução deste trabalho, aumentariam as possibilidades de ingresso ao ensino superior de jovens como Marcelo. A pesquisa realizada por Souza e Vazquez (2015), com estudantes do ensino médio de escolas públicas, que teve por objetivo compreender quais as expectativas dos jovens sobre continuidade dos estudos em nível superior, apontou como um dos destaques as políticas públicas de acesso ao Ensino superior – políticas públicas que ainda assim eram desconhecidas por alguns dos estudantes entrevistados. De acordo com os pesquisadores:

> Em síntese, os jovens de escolas públicas possuiriam baixa expectativa de continuidade dos estudos em geral (e de ingresso no ensino superior em particular, especialmente na universidade pública) e alta expectativa com relação ao ingresso no mercado de trabalho. Nesse sentido, o trabalho se imporia como uma necessidade (para contribuir com a renda familiar) e a interrupção da trajetória educacional seria uma fatalidade (por conta da impossibilidade de

> conciliar trabalho e estudo, da dificuldade de ingressar na universidade pública ou de pagar uma mensalidade em uma faculdade privada). Sendo assim, estariam nos planos da maioria desses jovens não o ensino superior, mas sim o ensino técnico ou até mesmo o abandono dos estudos (Souza; Vazquez, 2015, p. 414).

As conclusões as quais os pesquisadores chegaram corroboram com as expectativas do interlocutor Marcelo, que embora demonstre gosto pelo curso e pretensões de dar seguimento aos estudos, vê o trabalho como uma necessidade urgente, para que consiga auxiliar a família. Assim como o jovem desta pesquisa, os estudantes entrevistados por Souza e Vazquez (2015), veem os estudos como um meio de ascensão social. Os pais apoiam a continuidade dos estudos dos filhos, pois compreendem a escolaridade como um fator importante que permitirá melhoria na qualidade de vida. Um dado apresentado pelos pesquisadores, e em outras pesquisas realizadas sobre o tema, é que a classe média também comunga desta perspectiva da escolaridade como forma de ascensão social.

Algo que fica muito evidenciado ao conversar com Marcelo é sua boa articulação ao falar, sem usar tantas "gírias", como os demais jovens que foram entrevistados. Ele utiliza uma linguagem coloquial e demonstra possuir "capital linguístico", algo muito valorizado pela cultura escolar. Nogueira e Piotto (2021), ao apresentarem o entendimento dos autores Draelants e Ballatore sobre o papel do "capital cultural" e das hierarquias culturais, observaram a grande influência da leitura e escrita no alcance do sucesso escolar, como nota-se no trecho a seguir:

> No bojo dessa discussão, os autores levantam uma questão que consideramos de especial importância para a pesquisa educacional brasileira: o papel da leitura/escrita no sucesso escolar. Ao abordar a questão da eficácia e da transmissibilidade do capital cultural familiar, e com base em um conjunto de pesquisas, eles afirmam que se a alta cultura não ocupa mais o lugar de outrora nos currículos, a socialização escolar, por sua vez, nunca deixou de passar pela escrita e, por isso, a leitura continua a desempenhar papel fundamental no sucesso acadêmico (Nogueira; Piotto, 2021, p. 4).

Considerando a leitura e a escrita como fatores importantes para a obtenção de sucesso escolar, a boa articulação de Marcelo pode ter reflexos em sua trajetória escolar, se tornando um dos propulsores do êxito em seu rendimento. Outro dado relevante que surgiu durante a conversa é o valor que a família do estudante destina à escola; por acreditar que este é o único meio para que o jovem consiga uma vida melhor, sendo um investimento familiar, como indicado por Lahire (2008), quando notou que os pais, ao não serem negligentes ou omissos com seus filhos, expressam a crença de que a escola irá propiciar aos filhos chances de se saírem melhor que eles.

4.4 Michele – *"Eu me considero negra, por causa da minha cor, porque a sociedade me vê assim, por causa do preconceito e outras coisas"*

Michele é uma menina preta, de 17 anos, cabelos coloridos de rosa. Mora em um dos bairros mais afetados pelas chuvas de fevereiro de 2022. É estudante do curso de Química, turma 3003. Seu pai está desempregado, possui ensino médio completo, finalizado aos 40 anos de idade; já sua mãe não completou o Ensino fundamental e atualmente trabalha como cozinheira em uma creche do Município de Petrópolis. Michele vendia doces e artesanato para auxiliar na renda familiar e passou por situações de racismo no Colégio, que foram apresentadas e analisadas no Capítulo III.

Michele tem dois irmãos (um rapaz e uma moça), mais velhos que ela, que não moram mais com seus pais, e que não cursaram o Ensino Superior. A Jovem destacou nas conversas o quanto acha sua mãe inteligente e a admira. A mãe, que não concluiu o Ensino fundamental, possui saberes que são valorizados por Michele. A estudante relatou que a sabedoria de sua mãe possibilitou que elas fizessem um projeto de compostagem juntas em sua casa, pois a mãe pesquisa muito sobre o tema, e realiza leituras a respeito, com a finalidade de aumentar seu conhecimento e poder desenvolver as atividades que a interessam. Conforme conta, grande parte das leituras realizadas são pela internet ou por grupos que discutem o tema em redes sociais.

A mãe de Michele passou por alguns problemas de saúde no início de 2022, os quais a impediram de trabalhar por um período, fazendo com que Michele buscasse alternativas para auxiliar na renda familiar.

A jovem, durante as conversas coletivas, não se mostrou muito disponível e pouco falou, principalmente das questões raciais quando estas foram abordadas. Seu interesse inicial era apresentar alguns problemas do Colégio, mas de maneira muito tímida. Era perceptível o incômodo de Michele ao ser citada e exposta pela outra colega de turma, em um episódio de racismo (também narrado e analisado no capítulo anterior). Sua contribuição, naquele momento, foi reduzida; no entanto, na conversa realizada com ela e Natália, a aluna se mostrou muito interessada em participar e revelou que achou muito bom as entrevistas serem apenas com alunos negros. Natália parece ser bem próxima de Michele, o que contribui para a dinâmica – que foi definida por elas – ao solicitar que o encontro fosse realizado em dupla. Todavia, as análises serão empreendidas individualmente, para que os meandros de cada trajetória possam ser esmiuçados.

Michele foi selecionada para participar das conversas pois, além de seus ótimos resultados, principalmente nas disciplinas específicas do curso de Química, foi apontada pelos colegas como boa aluna e, nas conversas coletivas, levantou questões raciais muito pertinentes, ao falar do racismo estrutural e da necessidade de informar as pessoas sobre como atitudes tomadas por elas são preconceituosas, ainda que digam fazer sem intenção. A conversa com Michele foi das mais fortes que tive ao longo da pesquisa, como pode ser constatado no trecho a seguir:

> Pesquisadora: *O que você acha que ajudou a sua permanência na escola?*
>
> Michele: *Então, eu quero ter assim sabe?! É ter geladeira e armário cheios. E poder ajudar as pessoas quando elas precisarem. Eu acho que estudar é uma das únicas saídas que a gente tem hoje! O meu pai estava falando até uma coisa muito forte esses dias, é, antes da tragédia a geladeira e o armário aqui em casa estavam vazios, agora a gente recebe um monte de doação. A gente não chegava a passar fome, porque pegávamos coisas com a minha vó. A minha mãe sempre trabalhou em creche, como cozinheira, e quando sobrava as coisas ela levava pra gente comer. Já tiveram dias que eu fui a escola só pra comer... É por isso que eu quero ser uma boa técnica, e pra isso eu preciso continuar na escola* (Michele, Turma 3003, Química, 2022).

Ao ouvir o relato de Michele, o que fica evidenciado é que toda a esperança da aluna está depositada na escola – quer se tornar uma "boa técnica" para auxiliar sua família. A estudante tem pretensões de cursar Engenharia Química na graduação, mas como muitos outros estudantes, pretende trabalhar primeiro como técnica, para depois que estiver com uma situação financeira melhor, poder ingressar em uma universidade.

Ao longo de nossa conversa, a jovem citou a relevância da Roda Cultural em sua trajetória, o movimento cultural que estimula a leitura e o debate sobre os problemas sociais da cidade de Petrópolis, possibilitando que jovens artistas locais se expressem por meio da poesia e da música, entre outras expressões artísticas. O movimento é apontado por Michele como um grande propulsor de mudanças em sua vida, já que fez com que refletisse sobre sua condição de vida, sua corporeidade negra, e sobre a situação dos negros em Petrópolis, que segundo suas observações, *"são invisibilizados na cidade, além de não considerarem a contribuição dos negros na construção da cidade"*.

Refletindo sobre as colocações de Michele sobre a Roda Cultural é possível inferir que o movimento social exerce a função de "capital social" na trajetória da aluna. Para Bourdieu (2007) o "capital social" pode ser compreendido como uma rede de relações mais ou menos institucionalizadas, como explicitado:

> O capital social é um conjunto de recursos atuais ou potenciais que estão ligados à posse de uma rede durável de relações mais ou menos institucionalizadas de interconhecimento e de inter- reconhecimento ou, em outros termos, à vinculação um grupo, como conjunto de agentes que não somente são dotados de propriedades comuns (passíveis de serem percebidos pelo observador, pelos outros, ou por eles mesmos), mas também são unidos por ligações permanentes e úteis (p. 66).

Refletindo ainda sobre o "capital social" na vida da jovem, e o quanto este pode ser reconvertido em outros capitais (cultural, econômico ou simbólico), as rodas culturais e as relações que se estabelecem no grupo despertaram ponderações sobre as questões sociais, as quais impulsionaram mudanças no comportamento e no enfrentamento dos problemas que surgiram na vida da estudante, como o racismo e dificuldades econômicas. Os encontros e discussões contribuem no processo de aquisição de mais "capital cultural". Esse processo de conversão de "capital social" em "capital cultural" sugere mudanças na postura de Michele diante da vida e do Colégio, que traz como consequência bons resultados escolares, condições de permanência na escola e, sobretudo, recursos para o enfrentamento dos desafios constantes por ser uma menina preta e de classe popular em uma sociedade racista e classista.

O "capital social" possibilita um sentimento de pertencimento a um grupo, potencializando simbolicamente relações sociais e até mesmo a garantia de direitos, que a rede de relações pode propiciar. No caso de Michele, a "Roda cultural" produziu saberes e questionamentos que levaram a mudanças em seu comportamento. A jovem que se indispôs com sua mãe, para que pudesse frequentar o grupo de maneira constante, acabou abandonando a igreja evangélica que frequentava, pois começou a pensar que a igreja a tolhia, e não era mais apropriado a ela. O "capital social" materializado na "Roda cultural", foi capaz de ampliar as perspectivas da estudante, propiciar mudanças em seu *habitus,* que a posicionaram no campo como alguém de relevância para o grupo social ao qual pertence, e, proporcionando os bons resultados escolares.

4.5 Natália – *"Eu estou aqui agora, mas o que eu quero é fazer Psicologia"*

Natália é uma menina preta, filha de mãe parda e pai preto. Sua mãe cursou Formação de professores no ensino médio; já em relação ao pai, não sabe precisar se concluiu o ensino médio. Na conversa coletiva umas das primeiras questões levantadas por Natália foi o desejo de cursar Psicologia e o fato de estar cursando Química por uma imposição de sua família. Segundo Natália, essa não foi uma escolha sua; ela se esforça e busca sempre bons resultados, mas alega não ter conseguido "*se encontrar no curso*", apesar de gostar dos colegas.

A jovem que aparenta estar sempre muito serena, diz ter déficit de atenção, sem mencionar se possui laudo médico, e que tem muita dificuldade em manter a atenção durante as aulas, fato que segundo a estudante faz com que ela necessite se esforçar muito mais que os outros para obter bons resultados. Seu objetivo é poder conseguir um bom emprego e ajudar seus pais, que de acordo com seu relato a incentivam muito a permanecer no Colégio, sempre apoiando seus estudos, e a prosseguir cursando a graduação que ela sonha, embora tenham forçado Natália a cursar Química.

Segundo Natália, seus pais acreditam que o curso de Química trará mais oportunidades do que se ela tivesse sido matriculada na ensino médio regular, ou mesmo no Áudio e vídeo; e que, ao concluir esse curso, ela irá conseguir trabalho. No entanto, Natália faz algumas considerações raciais sobre as possibilidades de trabalho:

> **Pesquisadora:** *Você já sentiu alguma vez que alguém foi racista dentro da escola?*
>
> **Natália:** *Sim. Não comigo, isso eu não senti. Eu sempre fui um pouco desligada, mas mesmo assim, se alguém fosse, eu não senti, graças a Deus!*
>
> **Pesquisadora:** *E vocês acham que o fato de vocês serem de origem negra isso influencia no rendimento de vocês de alguma forma?*
>
> **Natália:** *Eu acho que influencia, quando a gente entende, a gente pensa em desistir, mas a gente acha as influências novas, do bem, e do mal né? Também tive uns pensamentos assim sobre o futuro eu fico muito feliz, e insegura. É, eu fico pensando assim, será que quando chegar lá no futuro eu vou fazer uma prova(concurso) ou, trabalhar, e se alguém me tratar mal? Tô pensando nisso também. Eu também, eu tenho esse meu jeito, eu também tenho muita insegurança, porque ainda tem esse preconceito assim sabe? Fico pensando, será que vou conseguir trabalho? Será que eu vou conseguir me dar bem da vida?* (Natália, 3003 Química, 2022).

A fala de Natália carrega uma preocupação com o futuro diretamente ligado às questões raciais, já que o racismo estrutural, ainda que não citado diretamente, causa esta ansiedade e o receio de não conseguir trabalho por ser negra; ou, ainda que consiga, será bem tratada? Esses são questionamentos legítimos, considerando todas as dificuldades impostas à população negra devido ao racismo. A jovem falou sobre os problemas sociais e a falta de reconhecimento sobre as contribuições dos negros na construção do país. Mas o que de fato chamou a atenção foi a fala recorrente sobre o medo de não conseguir um emprego que se destaque socialmente, por ser negra, pois grande parte dos negros estão empregados como lixeiros, motoristas, caixas em supermercado, entre outras funções consideradas subalternizadas pela aluna – e que embora reconheça a importância, ela não gostaria de exercer.

Retomando Fanon (1980), ao descrever o racismo como um elemento da cultura, e consequentemente da estrutura da sociedade, o qual mantém a ordem social vigente, onde os negros devem permanecer longe dos postos de destaque e chefia, o autor elucida os anseios sentidos por Natália. Se a sociedade é racista e dificulta grandemente a ascensão social dos negros, como transpor as barreiras criadas pela estrutura racista? Concluir o ensino médio com bons resultados será o suficiente? Estes questionamentos expostos pela jovem são relevantes e atormentam muitos jovens negros prestes a ingressar no mercado de trabalho. Ademais, como mencionado em outros pontos do texto, a pandemia é outro fator que dificultou bastante a trajetória escolar dos jovens, que durante as entrevistas disseram não se sentirem preparados para o ingresso no mercado de trabalho, pela falta de conteúdos importantes durante a pandemia; e tampouco para as provas do Enem, e necessitarão de tempo extra para se recuperarem da defasagem imposta pela falta das aulas presenciais.

Um dado apresentado durante a conversa, passível de análise, é a imposição familiar para que Natália fosse cursar Química. A estudante mora em Duque de Caxias, cidade que, como mencionado, possui uma quantidade expressiva de indústrias químicas, sendo recorrente que os alunos do referido curso sejam absorvidos por estas indústrias, fato utilizado como justificativa para o ingresso da jovem no Técnico. A imposição dos pais representa o sistema de valores familiares que são construídos de acordo com a posição social familiar, levando a considerar, mesmo que de forma inconsciente as oportunidades objetivas (Bourdieu, 2007). Dessa forma, o "destino social" de Natália é traçado pelas oportunidades objetivas que sua origem social possibilita. Em Bourdieu (2007), é possível compreender o conceito de "destino social":

> As atitudes dos membros das diferentes classes sociais, pais ou crianças e, muito particularmente, as atitudes a respeito da escola, da cultura escolar e do futuro oferecido pelos estudos são, em grande parte, a expressão do sistema de valores implícitos ou explícitos que eles devem à sua posição social. Para explicar como, em nível igual de êxito escolar, as diferentes classes sociais enviam à quinta série partes tão desiguais de suas crianças, invocam-se frequentemente, explicações tão vagas como "a vontade

> dos pais". Mas, de fato, pode -se ainda falar de "vontade", a não ser num sentido metafórico, quando a investigação mostra que "de maneira geral existe concordância plena entre a vontade das famílias e as orientações tomadas", ou melhor dizendo, na maior parte dos casos, as famílias tem aspirações estritamente limitadas pelas oportunidades objetivas (p. 47).

A "vontade" ou "imposição" da família da estudante passa pelas condições reais de existência, isto é, pelo que o autor chama de "destino social". Para os pais, o curso de Química será uma chance real de inserção imediata no mercado de trabalho, o que o curso de Formação de professores não possibilitou à mãe da estudante, que nunca atuou no magistério: no campo da educação, a mãe de Natália trabalhou como auxiliar de creche, mas nunca como docente, fato que pode ter levado a família a não ver o curso como uma possibilidade para Natália.

A jovem, em certa medida, aceita o "destino social" escolhido pelos pais: suas notas são muito boas e há um empenho para que o sucesso escolar seja alcançado, mesmo vislumbrando, no futuro, mudar completamente de área e cursar Psicologia na graduação – embora, evidentemente, a necessidade de trabalhar, por sua condição de classe, se imponha ao seguir com os estudos em nível superior.

O autor aponta que os estudantes das classes populares apresentam maior dificuldade em assimilar os hábitos da cultura escolar, assim como para adquiri-los, e seriam consolidados mais facilmente pelos estudantes das classes médias. No entanto, apesar de ser uma estudante de classe popular, a mãe de Natália possui capital cultural institucionalizado, pois concluiu o ensino médio – formação de professores e, com isso, transmitiu a sua filha a valorização da educação formal (ou seja, a aquisição de capital cultural) para, quem sabe no futuro, conseguir boas oportunidades de trabalho (ou seja, converter o capital cultural institucionalizado em capital econômico).

O trecho extraído do texto *A Escola conservadora: as desigualdades frente à escola e à cultura,* elucida as desigualdades de desempenho dos estudantes das classes populares diante das classes médias, considerando os estudos empreendidos pelo autor entre meados dos anos de 1960 e meados dos anos de 1970:

> Assim compreende–se porque a pequena burguesia, classe de transição, adere mais fortemente aos valores escolares, pois a escola lhe oferece chances razoáveis de satisfazer a todos as expectativas, confundindo os valores de êxito social com os do prestígio cultural. Diferentemente das crianças oriundas das classes populares, que são duplamente prejudicadas no que respeita à facilidade de assimilar a cultura e a propensão para adquiri-la, as crianças das classes médias devem à sua família não só os encorajamentos e exortações ao esforço escolar, mas também um *ethos* de ascensão social e de aspirações ao êxito na escola, que lhes permite compensar a privação cultural com a aspiração fervorosa à aquisição cultural (Bourdieu, 2007, p. 48).

Ao longo de toda a pesquisa foi possível observar que os alunos negros com bons resultados, são oriundos das classes populares, com famílias sem capital cultural incorporado, que segundo Bourdieu (2007) pode ser compreendido como:

> A maior parte das propriedades do capital pode inferir-se do fato de que; em seu estado fundamental, está ligado ao corpo e pressupõe sua incorporação. A acumulação de capital cultural exige uma incorporação que enquanto pressupõe um trabalho de inculcação e de assimilação, custa tempo que deve ser investido pessoalmente pelo investidor (tal como o bronzeamento, essa incorporação não pode efetuar-se por procuração). Senso pessoal, o trabalho de aquisição é um trabalho "sujeito" sobre si mesmo (fala-se em cultivar-se). O capital cultural é um ter que se tornou ser, uma propriedade que se fez corpo e tornou -se parte integrante da pessoa, um *habitus* (p. 74, 75).

Embora as famílias dos estudantes não possuam capital cultural incorporado, os pais possuem capital cultural institucionalizado, conferido pela conclusão da Educação básica, o que possibilita que mesmo os jovens pertencendo às classes populares consigam assimilar de forma satisfatória os conteúdos escolares, e obter sucesso. Essas famílias valorizam os saberes produzidos pela escola, incentivam seus filhos a prosseguirem nos estudos, mesmo que tenham que trabalhar e estudar após a conclusão do ensino médio.

Ponderando sobre a trajetória de Natália, os traços familiares não são diferentes dos demais estudantes entrevistados, mesmo que os pais da jovem possam considerar, de forma inconsciente, o "destino social", a falta de "capital cultural incorporado" e "capital econômico", não são entraves para que acreditem na educação como possibilidade de ascensão social.

4.6 Raiane – *"Eu vou ter alcançado o sucesso quando eu terminar o ensino médio e casar com meu noivo"*

Raiane se declara preta, pois seus pais são pretos; porém, em uma heteroclassificação seria vista como parda, pois tem a pele clara e cabelos alisados. A jovem está matriculada no curso Regular, tem 17 anos, os pais têm ensino médio completo e um dos seus irmãos tem graduação. Segundo a estudante, seus pais desejam que ela curse uma graduação, mas ela, que é evangélica, vai se casar primeiro para depois continuar estudando. A entrevista com Raiane foi realizada por meio de aplicativo de mensagem, pois a estudante trabalha como manicure e não possuía tempo hábil para a realização da entrevista presencial.

No primeiro levantamento de dados a aluna aparece com um rendimento bem acima da média dos demais alunos, mesmo tendo uma ocupação. Ela também informou que durante a pandemia, apesar das dificuldades, conseguiu permanecer focada, uma vez que seu objetivo é concluir o ensino médio para ter uma formação completa. A seguir uma das falas da aluna, que demonstra suas aspirações:

> Pesquisadora: *O que você acha que motivou sua permanência na escola? Principalmente neste período de pandemia?*
>
> Raiane: *Então, o ensino do Dom Pedro é muito bom. Então, isso me ajuda, né? E também a necessidade de concluir o Ensino médio pra arrumar um emprego, pro currículo ser completo e tudo mais. Poder fazer uma faculdade. Isso exige o Ensino médio, então isso ajuda muito na nossa permanência e na nossa vontade de terminar os estudos. Eu pretendo me casar, porque agora eu sou noiva, e depois entrar pra faculdade* (Raiane, 3003 Regular, 2022).

Prosseguir nos estudos é um dos objetivos da estudante, mas no momento em que a entrevista foi realizada, o futuro casamento figurava como o objetivo central. Durante a conversa foi possível inferir que os pais de Raiane sinalizavam, que gostariam que ela ingressasse em um emprego formal, iniciasse a graduação, para depois se casar, divergindo um pouco dos objetivos da jovem. De modo geral, as estudantes que se declaram evangélicas apontam o casamento como um objetivo a ser alcançado, o que não foi recorrente na fala das demais alunas. As evangélicas que possuem um relacionamento estável, ao serem questionadas sobre o futuro e sua perspectiva de sucesso, apontaram o casamento como um dos instrumentos para se alcançar êxito na vida pessoal. As professoras Laura e Cássia ratificaram esta questão em suas falas durantes as entrevistas, em virtude de ouvirem isso de suas alunas que frequentam igrejas evangélicas.

Nestes espaços religiosos é propagada a ideia de que a mulher só será completa e realizada se tiver um companheiro ao seu lado, concebendo o casamento como um meio de se alcançar a felicidade. Há uma difusão de que a mulher deve ser submissa ao homem, e, consequentemente, ao patriarcado. Em pesquisa realizada por Teles (2020), a pesquisadora constatou que na História da religião cristã, as mulheres aparecem em situação de subalternidade e inferioridade, e as responsáveis por difundirem esta aceitação da subalternização são as próprias mulheres, esposas dos pastores, sendo coniventes com o dominador. Ainda de acordo com Teles (2020, p. 48), a religião se apropriou do corpo feminino, o que leva a compreensão de tal submissão:

> Ao feminino fora imposto o papel de detentor e disseminador do pecado, sua redenção só poderia acontecer, a partir daí, por meio da obediência à moralidade cristã e pela resignação irrestrita à sua condição de inferioridade ao homem[18].

O poema, apresentado na nota de rodapé, foi citado por Teles em seu texto, e enaltece a submissão e servidão feminina. O texto do Antigo testamento é um dos meios utilizados pelas religiões cristãs para, ainda hoje, justificar a condição da mulher diante do casamento e da subalternização a seu marido.

Bourdieu em seu livro *A dominação masculina: a condição feminina e a violência simbólica* (1998), explana que as mulheres das classes popu-

---

[18] A perfeita dona de casa, quem encontrará a mulher de valor? Vale muito mais que as pérolas. Nela confia teu marido, e a ele não faltam riquezas. Traz-lhe a felicidade, e não a desgraça, todos os dias de sua vida. Adquire a lã e o linho, e trabalha com mãos hábeis. É como a nave mercante, que importa de longe o grão. Noite ainda, se levanta, para alimentar os criados [...] tece roupas para seu uso, veste-se de linho e purpura e na praça o seu marido é respeitado[...] está vestida de força e dignidade e sorri diante do futuro. Abre a boca com sabedoria, e sua língua ensina com bondade [...] não come o pão do ócio [...] Enganosa é a graça, fugaz a formosura! A mulher que teme a Iahweh merece louvor (Provérbios 31: 10-31).

lares tendem a se mostrar mais submissas a um modelo tradicional de casamento, e, compreendem o casamento como um meio de atingir uma posição social, como nota-se a seguir:

> Para levar a cabo paradoxos que somente uma visão de tais tendências permite compreender, basta notar que as mulheres que se mostram mais submissas ao modelo "tradicional" – e que dizem preferir uma maior diferença de idade- encontram-se sobretudo entre as artesãs, as comerciantes, as camponesas e as operárias, categorias nas quais o casamento continua sendo, para as mulheres, o meio privilegiado de obter uma posição social; como se, sendo resultantes de um ajustamento inconsciente às probabilidades associadas a uma estrutura objetiva de dominação, as predisposições submissas, que se expressam naquelas preferências, produzissem algo semelhante a um cálculo interessado, bem compreendido. [...] Não se pode, portanto, pensar esta forma particular de dominação senão ultrapassando a alternativa da pressão (pelas forças) e do consentimento (às razões), da coerção mecânica e da submissão voluntária, livre, deliberada, ou até mesmo calculada (Bourdieu, 2019, p 67-68).

Para Raiane é preciso estudar para completar os estudos e conseguir um emprego; porém, será o casamento que irá garantir sua posição social. No meio evangélico é recorrente o estímulo ao casamento, e que não é prudente permanecer namorando por longos períodos para que os jovens não cedam às tentações carnais. Outra informação apresentada pelas professoras é que a maioria das jovens que se casam e dizem que continuarão a estudar não conseguem concretizar esta meta, devido às contingências que a vida de casadas imputa. Isto posto, o casamento para as mulheres das classes populares, principalmente dos meios evangélicos, se constitui também, de certa forma, como "destino social".

A estudante, ao falar sobre as questões escolares, aponta o quanto dois professores atrapalham as trajetórias escolares de todos os alunos da turma, não se referindo especificamente às questões raciais, mas ao ser questionada sobre o tema, Raiane alega não perceber atitudes racistas nos docentes, e, sim, nos colegas. Como pode ser observado:

> Pesquisadora: *Os professores auxiliam vocês nesse processo de permanência na escola?*

> Raiane: *Nesse ano eu estou no terceiro ano do Ensino médio, tem dois professores que atrapalham muito o desempenho da turma, eles não estão ali realmente pra trabalhar, e pra dar aula, pra ensinar. Então acho que acaba dificultando o processo.*
>
> Pesquisadora: *Você já sofreu alguma atitude racista na escola?*
>
> Raiane: É, aqueles nomes né que chamam os negros, como macaco, como sujo, e esse tipo de coisa já falaram pra mim né, mas tudo assim naquela brincadeira, como sempre, mas também nunca me afetou muito não. E também acho que não afeta a aluna que eu sou na escola (Raiane, 3003 Regular, 2022).

Durante a conversa coletiva com a turma, os alunos também se queixaram de dois professores que seriam "grosseiros", não lecionariam de forma satisfatória, sendo que um deles, de acordo com os relatos, um homem jovem e branco, gostava de conversar com os alunos sobre sua vida pessoal, incluindo seus romances; ainda segundo os alunos, se um estudante questionasse sobre o conteúdo, ele respondia de forma grosseira. A turma já reportou as queixas à orientação do Colégio, mas não houve mudança no comportamento do professor. Raiane se queixou dos mesmos docentes que os demais alunos.

Quanto às questões raciais, a resposta pareceu um pouco evasiva, levando ao questionamento se, de fato, estas ofensas teriam ocorrido com a jovem, que como descrito em sua apresentação, tem pele clara, cabelos alisados e é vista como parda, ou até mesmo "morena", categoria de classificação muito utilizada informalmente, principalmente quando não há a intenção de ofender. De modo geral, pessoas negras introjetam um ideal de branqueamento, buscando uma aceitação social por apresentar algumas características e o traços negroides são disfarçados nos cabelos, roupas e, em alguns casos no comportamento (Munanga, 2004).

O relevante no caso de Raiane, é que ela faz o caminho inverso de muitos negros, ao se "empretecer", já que se declarou preta no questionário e, também, pessoalmente. Fato que demonstra uma "identidade racial" ou, ainda, um *habitus* racializado, visto que seus pais são pretos e, por mais que Raiane carregue em si traços de mestiçagem, que possivelmente existe em sua família, ela não é vista como preta. "Deste modo, considerando o *habitus* como um sistema de disposições socialmente construído" (Bourdieu, 1998), o conceito de raça, e existência do racismo como parte da sociedade, seria factível ter em conta um *habitus racial,* forjado no bojo familiar e na comunidade à qual pertence.

4.7 Jéssica – "*Tem professor que desrespeita a gente, aí a gente junta a manada e a gente se defende*"

Jéssica, menina preta de 17 anos, filha de pais pretos, a mãe e o pai concluíram o ensino médio na modalidade EJA, se destacou entre os demais estudantes não por suas notas, mas pelo jeito espontâneo e pela liderança que exerce sobre o grupo. Jéssica se apresentou dizendo: "*Eu me declaro preta, porque eu me vejo no espelho e vejo que eu sou preta*". Declaração que traz muitas implicações ao longo da conversa, já que a estudante descreve situações de racismo apresentadas e analisadas no Capítulo III.

A estudante se mostrou muito disponível e comunicativa na conversa coletiva, mas durante a entrevista individual suas respostas foram evasivas e curtas, demonstrando certa preocupação se seria questionada sobre situações que não saberia responder. Quando foi informada que seria apenas uma conversa informal, sem questões relacionadas a conteúdos escolares, Jéssica se mostrou um pouco mais relaxada. De acordo com as informações prestadas pela Professora Cássia, Jéssica tem dificuldades com os conteúdos escolares, mas evita pedir ajuda e explicações adicionais. O período sem aulas presenciais, devido à pandemia, acentuou ainda mais as dificuldades apresentadas pela aluna; entretanto, mesmo com todas estas questões, ela consegue obter resultados medianos e prosseguir na escola, sem interrupções em sua trajetória. Nesse sentido, se formos considerar uma perspectiva de sucesso que não prioriza apenas os resultados quantitativos, Jéssica pode ser vista como uma aluna de "sucesso", pois supera suas limitações e alcança resultados para ser aprovada.

Ao ser questionada sobre os professores, Jéssica diz que muitos são bons, mas que alguns "*marcam a cara do aluno e desrespeitam",* mas que no geral tratam todos iguais, como expresso na fala a seguir:

> Pesquisadora: *E vocês veem essa boa vontade nos professores também em ajudar?*
>
> Jéssica: *Temos professores que tratam a gente como filhos mesmo. De ensinar, de pegar no pé pra fazer, mas tem outros professores que são muito impacientes com o nosso processo de entendimento, né? Porque eles vão falando, falando, falando e a gente*

> *tá lá atrás ainda, voltando a perguntar o porquê disso, como faz aquilo, isso é um pouco impaciente, mas, a maioria ajuda muito a gente a entender, são compreensivos.*
>
> Pesquisadora: *Mas você acha que tem diferença no tratamento dos professores com alguns alunos?*
>
> Jéssica: *Não. Não, ou o professor trata mal todo mundo, ou trata bem todo mundo. Mas também tem professor que ele gosta de tocar na ferida do aluno. Aí tudo que ele fala é indireta pro aluno. Mas sempre quando acontece isso reúne a manada e a gente se defende. Tipo alguns têm essa diferença com alguns alunos, mas acho que não é por causa de raça, nem por causa de condição. Não, eu acho que é só relacionamento mesmo. Eu acho que tem diferença porque tem uns que afrontam e outros que deixam guardado. Que tipo assim, eu não aceito desaforo, se o professor faltar com respeito comigo, eu vou falar, com educação, mas vou falar. Mas só dois professores são assim, o resto trata bem, acolhe, me ajudam muito* (Jéssica, 3003 Regular, 2022).

A fala de Jéssica corrobora com os apontamentos de Raiane, que estudava na mesma turma, e se queixou de dois professores. Nas conversas coletivas o nome de ambos surgiu: todos os alunos se queixaram das grosserias de um deles; e do outro, se queixaram de que não ministra as aulas e passa o tempo contando sobre sua vida pessoal. Mas nem a turma e nem as alunas, nas conversas individuais, relatam atitudes que pudessem ser consideradas racistas, ou mesmo de preconceito relacionado a questões que não sejam raciais. No entanto, o mais marcante na fala de Jéssica é o quanto os professores a ajudam, acolhem e demonstram interesse em ajudá-la.

As referências da Professora Cássia sobre Jéssica, confirmam que os colegas professores buscam ajudar a jovem, e demonstram interesse por ela, mesmo ela não apresentando um desempenho expressivo. Segundo a Professora Cássia, em alguns momentos ele tem um jeito impetuoso, "*mas é uma boa menina*", que sabe lutar por seus direitos e busca seu espaço, em certa medida influenciando os alunos para que tomem as mesmas atitudes, como fica explicitado ao falar sobre "*reunir a manada*" para defender o colega que está sendo oprimido ou destratado pelo professor, este comportamento na perspectiva da professora Cássia, pode ser considerado como sucesso escolar, já que a aluna consegue se destacar, lutar por seus direitos e ainda influenciar outros colegas.

A rede de apoio que Jéssica construiu dentro do Colégio pode ser interpretado como "capital social", estabelecido por meio das relações mantidas com seus professores, os quais podem servir de base de apoio para que a estudante consiga ampliar sua habilidade de leitura e escrita, fator determinante para o alcance do sucesso escolar. Julgo ser precipitado dizer que esta melhoria na capacidade de comunicação (leitura/escrita), se converta em "capital cultural", mesmo se tomarmos por base os estudos realizados por Draelants e Ballatore (2021), no qual empreendem uma análise crítica sobre o capital cultural e a reprodução escolar. Na pesquisa realizada pelos referidos autores, buscou-se compreender de que modo, na atualidade, o capital cultural influencia as desigualdades educacionais, considerando a entrada da cultura popular nos currículos escolares.

Segundo Draelants e Ballatore (2021):

> O declínio relativo da cultura legítima não significaria então que a cultura não seria mais tão classificadora, mas, continuaria ainda desempenhando um papel determinante na produção de desigualdades escolares? Temos todos os motivos para acreditar que a afinidade entre cultura escolar e cultura legítima não é mais tão clara quanto antes, o que pode ser constatado através da transformação das hierarquias disciplinares, notadamente o declínio das Ciências Humanas, cuja feminização e relativa democratização do acesso (ao contrário dos ramos científicos) podem ser vistos como indicadores de sua desvalorização social. Em outras palavras, também na escola, a cultura clássica está se tornando cada vez mais marginal considerando as mudanças curriculares, já que os currículos valorizam a cultura científica e técnica mais do que no passado. Além disso, a escola não é mais uma fortaleza que construiria uma muralha da China entre ela e o mundo cultural dos adolescentes. O fenômeno da massificação escolar permitiu que gerações de jovens desenvolvessem uma relação escolar com a cultura; mas, ao mesmo tempo, abrindo a escola para todas as categorias sociais, ele trouxe a cultura popular para dentro da escola. (p. 13).

Há uma constatação sobre a necessidade do domínio da leitura e escrita na construção do conhecimento e, consequentemente, na obtenção do sucesso escolar. Todavia, mesmo com a abertura da escola para a cultura popular, ela ainda exige de seus estudantes categorias de excelência, como práticas leitoras, domínio da linguagem oral, que muitos não conseguem alcançar, pois, em grande parte das vezes, os estudantes das classes populares não possuem capital cultural incorporado, o que contribuiu para as dificuldades que muitos encontram em aderir à cultura escolar.

Refletindo ainda sobre a situação de Jéssica na escola, seus pais concluíram o ensino médio na modalidade EJA e não possuem muito acesso à cultura letrada, de acordo com as informações ofertadas pela jovem, não propiciando à estudante a transmissão de capital cultural incorporado, mesmo os pais tendo concluído o ensino médio, possuindo, assim, capital cultural institucionalizado.

Ao longo da conversa, a jovem não demonstrou domínio de uma linguagem coloquial, o que possivelmente se reflete na escrita. E a falta dos conhecimentos valorizados pela cultura escolar acaba refletindo sobre o rendimento da aluna, que é mediano, mesmo com a ajuda dos professores. Jéssica contou que seus pais não costumam ler material impresso, sua mãe realiza poucas leituras, apenas no celular e, de modo geral, se informa por redes sociais. Seu pai gosta mais de assistir a vídeos do que de ler. A falta dessa prática sistemática de leitura por parte da família reflete em Jéssica, que alegou ler apenas o que é obrigada pela escola. Há também a falta de acesso à cultura valorizada socialmente, que acaba por impactar o rendimento escolar da estudante de maneira negativa, impondo a ela algumas limitações, visto que, como mencionado anteriormente, a escola valoriza o domínio da leitura e escrita, como meios de apreender novos conhecimentos.

Durante a entrevista Jéssica revelou desejar ser juíza. No entanto, ela parece não acreditar que isso seja possível; o fato foi perceptível pela entonação ao falar, o que não pode ser demonstrado aqui, mas pela maneira como foi mencionado, ao ser questionada sobre sucesso, como pode ser observado a seguir:

> Pesquisadora: E pra você, o que é sucesso na vida?
>
> Jéssica: Acho que é ser juíza, não, falando sério, acho que é não apenas viver bem a vida, mas viver bem com seus familiares. A gente precisa conquistar as coisas, mas saber viver bem (Jéssica, 3003 Regular, 2022).

Ao citar ser juíza como uma forma de sucesso, mas em seguida fazer parecer uma brincadeira, leva a pensar que a aluna não se sente capaz, e sua resposta demonstra falta de perspectiva de futuro, algo mencionado pela professora Cássia, ao falar sobre a aluna em sua entrevista. A docente expressou sua preocupação com o futuro de Jéssica, alegando que ela vai seguindo porque construiu uma boa relação com professores e colegas, mas que a jovem não consegue vislumbrar possibilidades para o futuro, nem relacionados ao prosseguimento com os estudos, assim como sobre trabalho. O receio de Cássia é que a aluna acabe em trabalhos informais, ou empregos pouco valorizados socialmente, como se transformar em trabalhadora doméstica. A docente faz ainda uma ponderação, que não há problema em ser doméstica, desde que seja uma escolha consciente, por gostar de fato de realizar este tipo de tarefa, mas não deveria nunca ser por falta de opção na vida.

Pesquisas como a realizada por Souza e Vasquez (2015), apontam que os jovens das classes populares compreendem a escolarização como forma de ascensão social, e valorizam a continuidade dos estudos, mesmo demonstrando saber da necessidade de ingressar no mercado de trabalho. Contudo, na conversa realizada com Jéssica, este dado não foi mencionado, assim como o ingresso em uma universidade.

Jéssica difere em suas posturas de todos os outros jovens entrevistados. Embora ela alegue receber apoio familiar para permanecer na escola (apoio que é comum a todos), e, de apontar que seus pais compreendem que a conclusão do ensino médio será uma forma de alcançar sucesso, a estudante, que não trabalha, não demonstrou interesse por se inserir no mundo do trabalho como os outros colegas de turma. Ademais, Jéssica alegou que seus pais não têm condições de mantê-la em uma faculdade, fato que poderia ser o causador da falta de interesse da aluna pelo tema. Quando questionada se as questões raciais influenciam em sua visão de futuro, a jovem respondeu que sim, pois considera que as pessoas e os lugares são racistas e conseguir emprego sendo preta é difícil.

Ao se referir sobre o racismo individual e estrutural, e as dificuldades que ele imputa, a jovem deixa claro o quanto esta chaga produz desalento entre os jovens. Analisando a fala da estudante, é possível compreender que o racismo, em suas mais variadas formas, é capaz de imobilizar aqueles que são submetidos a ele de forma sistêmica, como é o caso de Jéssica, que diz não gostar de entrar em determinados lugares, que a mãe a orienta a não andarem juntas dentro do supermercado, para que não achem que elas estão roubando, ou, ainda, ao não conseguir projetar um futuro como juíza, ou em qualquer outra profissão.

Diante dos fatos expostos, quando analiso os professores, como agentes sociais atuando como capital social para a estudante, percebo que a atuação destes limita-se apenas a auxiliá-la nos conteúdos escolares, já que os docentes não auxiliam na ampliação da perspectiva de futuro da jovem, mostrando a ela outras possibilidades pós-ensino médio, não dando a ela a oportunidade de conhecer os poucos programas sociais que ainda existem, os quais poderiam propiciar o prolongamento dos estudos e expectativas sobre o futuro.

Quanto aos programas sociais, todos os estudantes entrevistados individualmente informaram desconhecer sua existência e como funcionam, fator que contribui ainda mais para limitar as alternativas para estes jovens negros, que acabam construindo suas trajetórias de sucesso das formas mais variadas, e que fazem compreender, como no caso de Jéssica, que o sucesso na escola nem sempre está atrelado aos resultados quantitativos. À vista disso, mesmo com as dificuldades relacionadas à compreensão dos conteúdos, mencionadas pelos professores, ela consegue se relacionar bem com todos e criar estratégias para ir seguindo em seus estudos e concluir a Educação básica. O que irá acontecer com Jéssica pós-ensino médio é uma incógnita, mas a falta de perspectiva imposta pelas contingências sociais sugerem dificuldades em sua trajetória futura.

Refletindo sobre a questão apresentada no início do capítulo, como os diversos capitais (social, cultural e econômico), atuam na construção das trajetórias sociais de sucesso dos jovens estudantes, foi possível compreender como a atuação destes elementos opera de formas variadas, como nota-se no caso de Michele, em que o capital social representado por meio das rodas culturais/movimento social, foi reconvertido em capital cultural, exercendo influência direta em seus bons resultados escolares e sua perspectiva de futuro. Já em relação à trajetória de Jéssica e a atuação dos professores como capital social, observou-se que essa rede de relações possibilitou que a estudante prosseguisse nos estudos, adquirindo, assim, mais capital cultural institucionalizado. Para os demais estudantes, foi perceptível que o capital cultural institucionalizado, adquirido pelos pais dos jovens por meio da escolarização, foi de grande relevância para que estes apoiassem o percurso escolar dos filhos.

Nas famílias dos estudantes dos cursos técnicos, mesmo pertencendo às classes populares, houve um investimento de capital econômico para que os filhos pudessem permanecer no Colégio, visto que as atividades são ofertadas em tempo integral e os estudantes não podem contribuir com a renda familiar. Esses cursos exigem, não raro, material e até cursos complementares, como vimos no caso de Elisa, matriculada pela família em um curso de Inglês com vistas a ampliar suas oportunidades no mundo do trabalho.

REFLEXÕES FINAIS

A voz de minha bisavó
ecoou criança
nos porões do navio.
Ecoou lamentos
de uma infância perdida.

A voz de minha avó
ecoou obediência
aos brancos-donos de tudo.

A voz de minha mãe
ecoou baixinho revolta
no fundo das cozinhas alheias
debaixo das trouxas
roupagens sujas dos brancos
pelo caminho empoeirado
rumo à favela

A minha voz ainda
ecoa versos perplexos
com rimas de sangue
e
fome.

A voz de minha filha
recolhe todas as nossas vozes
recolhe em si
as vozes mudas caladas
engasgadas nas gargantas.

A voz de minha filha
recolhe em si
a fala e o ato.
O ontem – o hoje – o agora.
Na voz de minha filha
se fará ouvir a ressonância
O eco da vida-liberdade.

(*Conceição Evaristo* – Vozes-Mulheres)

A pesquisa realizada teve como objetivo geral analisar como se constituíram as trajetórias de sucesso escolar entre os jovens negros do ensino médio, de uma escola pública da rede estadual de Petrópolis, procurando compreender em que medida os diferentes capitais (cultural, social e econômico) se correlacionam.

Com efeito, ao iniciar o trabalho de campo meu olhar estava profundamente afetado pelas questões teóricas que compuseram o objeto de pesquisa, relativas tanto às relações raciais quanto à sociologia da educação, para que os dados construídos pudessem ser analisados e correlacionados. No entanto, à medida que os encontros e observações foram ocorrendo, me deparei com os jovens e suas angústias relativas à raça e ao racismo. E assim, pude compreender que o Colégio não produz discussões capazes de fomentar reflexões sobre os problemas raciais, que permeiam e fazem parte de sua estrutura, ratificando o "mito da democracia racial". Ainda que o tema seja espinhoso, no Colégio não ocorre o que preconizam as Leis n.º 10.639/2003 e a 11.645/2008, e o material enviado pela SEEDUC/RJ parece não dar conta das discussões, considerando que, segundo os relatos da professora responsável pela implementação do material, trata de questões históricas e sequer se refere aos problemas raciais, que permanecem invisibilizados e relegados a segundo plano, para serem discutidos apenas por algumas professoras.

Na atualidade temos uma gama de pesquisas cujo escopo está relacionado às questões étnico raciais e educação antirracista, mas estes dados não fazem parte do currículo escolar. Fora do espaço escolar existem discussões raciais estruturadas, fomentadas principalmente pelos movimentos sociais, mas que não alcançam a todos os jovens negros, e muitos ainda não se compreendem como negros. Essa dificuldade de se identificar racialmente está muito presente entre as alunas e alunos pardos, que além da complexidade de se auto identificarem, transitam racialmente entre serem negros e serem brancos. Esse fato é muito comum em um país miscigenado como o Brasil e que por longos anos fomentou, por meio de políticas e discursos, o branqueamento da população negra, fazendo emergir – principalmente nas pardas e pardos – um desejo de embranquecer, o qual parece estar presente em muitos dos estudantes que conversei.

O racismo como elemento integrante da sociedade, faz parte das relações entre professores, estudantes e entre os próprios alunos, embora parte dos estudantes pareça não ter ferramentas teóricas para reconhecê--lo e enfrentá-lo. Digo parte dos estudantes porque conversei com alguns jovens, principalmente do curso de Química, que estavam atentos a essas questões raciais, se informavam sobre o problema, buscando estratégias para combatê-lo, mas pensando sempre em situações de racismo externas ao colégio.

Mesmo com os dados da pesquisa apontando para a presença sistemática do racismo, o discurso de alunas e alunos negros e professores brancos demonstra objetivamente que o problema está invisibilizado. Não quero dizer com isso que todas as pessoas brancas sejam racistas; mas que como não são atingidas diretamente pelo problema, tendem a não perceber ou pensar em ações para combater o racismo estrutural.

Penso ser, em certa medida, redundante afirmar que o racismo afeta negativamente as trajetórias dos estudantes negros, já que pesquisas sobre o tema apontam esse fato de forma uníssona. O que foi possível compreender é que os estudantes não conseguem perceber esse dado, e a fala mais recorrente é a de que os professores tratam todos da mesma forma; na sequência, narram situações de racismo entre professores e alunos, não percebendo que os jovens que passam por essas situações, de modo geral, são os que não alcançam bons resultados. Esse dado foi comprovado ao relacionar os alunos que tinham seus nomes mencionados nas situações de racismo, ou com as falas das próprias vítimas do racismo, com os resultados (notas) obtidos, como foi verificado nos documentos escolares.

O fracasso tem cor, e quando cheguei ao campo de pesquisa eu já sabia qual era. Contudo, compreender como os alunos negros constroem suas trajetórias de sucesso revelou uma outra camada nessa estrutura, que muito embora os estudantes não percebam o racismo como um elemento constituinte da estrutura escolar, eles aprenderam a jogar o jogo e a se posicionarem no campo. Aprenderam a lutar para alcançar sucesso em suas mais variadas formas: nas notas que conquistam, passando a receber apoio de alguns professores; nas mudanças de atitudes, adotando o comportamento padrão dos alunos brancos e bem sucedidos; ou mesmo superando a falta de oportunidades educativas e conseguindo concluir o ensino médio, sem reprovações ou interrupções em suas trajetórias.

Ao correlacionar alguns pontos da minha própria trajetória com a dos jovens da pesquisa, encontrei similaridades ao descortinar percursos que se referem àquilo que Bourdieu (2015) chamava de *destino social*. Assim como os estudantes do D. Pedro, ingressei no Curso Normal por uma imposição dos meus pais. Alguns estudantes do curso de Química narraram o mesmo fato, já que os pais compreendem que dentro do que é possível alcançar, considerando as condições objetivas de existência, esses cursos são os que oferecem mais chances de ingressar no mercado de trabalho. Para as famílias dos estudantes entrevistados, a valorização da escolarização dos filhos e o valor do mundo do trabalho têm a mesma relevância, já que podem significar melhoria na qualidade de vida e aquisição de capital econômico.

Segundo Bourdieu (2007), o capital cultural é um ter que se tornou ser, uma propriedade que faz parte do corpo se tornando parte da pessoa, um *habitus,* que acaba integrando o modo de existir destes alunos, fazendo com que eles também valorizem a escolarização e as possibilidades que ela irá trazer para suas trajetórias sociais. Neste processo, os estudantes que conseguem obter capital social por meio das relações que estabelecem, em muitos casos, são capazes de convertê-los em capital cultural, o qual incide nos resultados escolares. Como revelou a pesquisa, essa rede de relações pode ser estabelecida com agentes do espaço escolar e agentes externos a ele, possibilitando criar vínculos duráveis que poderão ser reconvertidos, ao longo do tempo, em mais capital cultural e/ou econômico. Esse investimento em capital social pode garantir direitos institucionalizados, ou mesmo oportunidades educativas, como no caso de Jéssica, que conseguiu aumentar suas chances de adquirir capital cultural institucionalizado ao permanecer no colégio.

No entanto, penso que alguns pontos são merecedores de investigações mais aprofundadas, como em que dimensão os diversos capitais irão incidir no prolongamento da trajetória acadêmica dos jovens que integraram essa pesquisa? Qual a perspectiva que as famílias têm sobre os jovens prosseguirem com os estudos? Trabalhar, certamente, é uma necessidade pós conclusão da Educação básica, mas permanecer estudando está no *destino social* desses jovens? Ou, para os pais, seria suficiente os filhos alcançarem o mesmo nível de escolarização alcançados por eles? Para Jéssica, tomado como exemplo, a conclusão da Educação básica será o suficiente para superar sua falta de expectativa relacionada ao futuro? Ou esta conquista será o máximo que a estudante conseguirá alcançar?

Considerando a perspectiva de "sucesso na vida" para esses jovens, seria interessante, como desdobramento de pesquisa, acompanhar como irão se desenrolar suas trajetórias sociais, analisando o que ficou no plano dos desejos e o que se tornou factível. Acompanhar a inserção dos jovens no mercado de trabalho pode levar a compreensão de como, e se, o racismo estrutural impactou suas trajetórias, bem como se estar no mercado de trabalho contribui para o prolongamento da vida acadêmica, pois pesquisas como a realizada por Souza e Vasquez (2015), indicam que após ingressarem no mercado de trabalho as chances de cursar o Ensino superior aumentam.

Compreender de maneira detalhada como está organizada a estrutura familiar desses estudantes pode ser um meio de conhecer seus hábitos de leitura, dentre outras práticas culturais, que auxiliam na aquisição de capital linguístico e cultural, a estrutura econômica familiar, as possibilidades de lazer, os grupos não ligados ao colégio aos quais esses jovens pertencem, contribuindo, assim, no entendimento das trajetórias que irão se constituir pós-ensino médio. Essas são questões que sugerem novos caminhos para a pesquisa.

Outra questão que não coube no escopo dessa pesquisa seria compreender o que é sucesso para os jovens negros da Educação de Jovens e Adultos, e como as trajetórias escolares dos que cursam a 3ª série da EJA se constituíram. Como mencionado, essa modalidade abarca muitas particularidades, e compreendê-las seria um bom desdobramento para pesquisa futuras.

Acompanhar um pouco os caminhos trilhados pelos estudantes negros no Colégio D. Pedro II foi uma experiência de pesquisa muito intensa e reveladora. Pude compreender que muitos jovens, mesmo com seus visuais arrojados, lindos cabelos afros, coloridos, com tranças cheias de estilos, estão sujeitos a muitas amarras raciais e sociais. O racismo está presente e se mostra como em toda a sociedade – cruel e estrutural. Há um domínio do fundamentalismo religioso, cujos dogmas geram conflitos e fomentam preconceitos na escola, espalhando seus tentáculos para que haja uma aceitação conformista da pobreza e da falta de oportunidades. Vi professores que destilam seu preconceito sem o menor pudor; porém, felizmente, pude presenciar professores que compreendem o seu papel nas trajetórias dos estudantes, que são capazes de mostrar lugares e possibilidades que esses jovens não sabiam que existiam, fomentando sonhos e criando perspectivas de futuro.

A instituição escolar permanece, de muitas formas, reprodutora das desigualdades sociais. Mas – e é neste "mas" – que pude ver esperança de mudanças nas mãos de jovens que estão aprendendo a lutar por direitos; que estão aprendendo que são mais que suas notas; que ter sucesso escolar é compreender o seu lugar no campo que os constituiu, e contra o qual eles estão lutando, junto com professores que conseguem quebrar este ciclo de reprodução e fracasso que atinge tantos jovens negros que foram excluídos da escola por não se sentirem apropriados para esse espaço, por vezes elitista e segregador.

REFERÊNCIAS

ADICHIE, C. N. **Para educar crianças feministas**: um manifesto. São Paulo: Companhia das Letras, 2017.

ALMEIDA, S. L. de. **O que é racismo estrutural?** Belo Horizonte: Letramento, 2018.

ARROYO, M. G. Fracasso – Sucesso: O peso da cultura escolar e do ordenamento da educação básica. *In:* ABRAMOWICZ, A.; MOLL, J. (org.). **Para além do fracasso escolar**. Campinas, SP: Papirus, 1997. p. 11-26.

ARROYO, M. Os jovens, o seu direito a se saber e o currículo. *In:* DAYRELL, J.; CARRANO, P.; MAIA, C. L. (org.). **Juventude e ensino médio**: sujeitos e currículos em diálogo. Belo Horizonte: Editora UFMG, 2014.

ALTHUSSER, L. **Ideologia aparelhos ideológicos do estado.** Lisboa: Editorial Presença, 1971.

BENTO, M. A. S. Branqueamento e Branquitude no Brasil. *In:* CARONE, I.; BENTO, M. A. S. (org.). **Psicologia social do racismo**: estudos sobre branquitude e branqueamento no Brasil. Petrópolis: Vozes, 2014.

BERSANI, H. Racismo estrutural e o direito à educação. **Revista Educação em Perspectiva**, Viçosa, v. 8, n. 3, p. 380-397, set./dez. 2017.

BOURDIEU, P. **A dominação masculina**: a condição feminina e a violência simbólica. Rio de Janeiro: Berttrand, 2019.

BOURDIEU, P. **A miséria do mundo.** 7. ed. Petrópolis: Vozes, 2012.

BOURDIEU, P. **A economia das trocas simbólicas**. 5. ed. São Paulo: Perspectiva, 1998.

BOURDIEU, P. **Esboço para uma auto análise.** Lisboa: Edições 70, 2004.

BOURDIEU, P. PASSERON, J. C. **Os herdeiros os estudantes e a cultura**. 2. ed. Florianópolis: Editora da UFSC, 2018.

BOURDIEU, P. O capital social - notas provisórias. *In:* CATANI, A.; NOGUEIRA, M. A. (org.). **Escritos de educação**. 9. ed. Petrópolis: Vozes, 2007.

BOURDIEU, P. **O poder simbólico**. Rio de Janeiro: Bertrand, 1989.

BOURDIEU, P. **Razões Práticas**: sobre a teoria da ação. Campinas: Papirus, 1996b.

CARRANO, P.; DAYRELL, J. Juventude e Ensino Médio: quem é este aluno que chega a escola? *In:* DAYRELL, J.; CARRANO, P. MAIA, C. L. (org.). **Juventude e Ensino Médio**: Sujeitos e currículos em diálogo. Belo Horizonte: Editora UFMG, 2014. p. 101-134.

CARVALHO, M. P. O fracasso escolar de meninos e meninas: articulações entre gênero e cor/raça. **Cadernos Pagu**, Campinas. n. 22, p. 247-290, 2004.

CHERQUES, H. T. Pierre Bourdieu: a teoria na prática. **Rap**, Rio de Janeiro, v. 40, n. 1, p. 27- 55. jan./fev. 2006.

COSTA, J. F. **Violência e Psicanálise**. Rio de Janeiro: Edições Graal, 1984. (texto inicialmente publicado como prefácio ao livro "Tornar-se negro", de Neusa Souza)

COSTA, P. R. **A Lei 12.711/2012 e as expectativas educacionais de jovens negros do ensino médio público**. São Paulo: UFScar, 2016.

DAYRELL, J. A escola "faz" as juventudes? Reflexões em torno da socialização juvenil. **Educação & Sociedade**, Campinas, v. 28, n. 100, Especial, p. 1105-1128, out. 2007.

DAYRELL, J.; JESUS, R. E. Juventude, Ensino Médio e os processos de exclusão escolar. **Educação & Sociedade**, Campinas, v. 37, n. 135, p. 407-423, abr./jun. 2016.

DRAELANTS, H.; BALLATORE, M. Tradução: Capital cultural e reprodução escolar: um balanço crítico. **Educação e Pesquisa**, São Paulo. v. 47, e470100302trad, 2021.

DOMINGUES, P. Movimento da negritude: uma breve reconstrução histórica. **Mediações- Revista de Ciências Sociais**, Londrina. v. 10, n. 1, p. 25-40, jan./jun. 2005.

FANON, F. **Pele negra máscaras brancas**. Salvador: EDUFBA, 2008.

FANON, F. **Em defesa da revolução africana**. Lisboa: Livraria Sá da Costa, 1980.

FERREIRA, V. M. **A questão étnico racial na formação de professores**: análise de currículos. 1. ed. Rio de Janeiro: Pallas, 2019.

FIGUEIREDO, A.; GROSFOGUEL, R. Racismo à brasileira ou racismo sem racistas: colonialidade do poder e a negação do racismo no espaço universitário. **Sociedade e Cultura**, Goiânia, v. 12, n. 2, p. 223-234, jul./dez. 2009.

FONTOURA, J. S. D. A. Racismo reverso: O porquê da sua não-existência. **Interterritórios**, Caruaru, v. 7, n. 13, p. 55-67, 2021.

FRANCISCO, M. Discursos sobre colorismo: educação étnico-racial na contemporaneidade. **Ensaios Filosóficos,** v. XVIII, dez. 2018.

GATTI, B. A. Sucesso escolar. *In:* OLIVEIRA, D. A.; DUARTE, A. M. C.; VIEIRA, L. M. F. **DICIONÁRIO**: trabalho, profissão e condição docente. Belo Horizonte: UFMG/Faculdade de Educação, 2010. CDROM.

GOMES, N. L. **O Movimento Negro Educador**: saberes construídos nas lutas por emancipação. Petrópolis: Editora Vozes, 2017.

GONÇALVES E SILVA, P. B. Crianças negras entre a assimilação e a negritude. **Revista Eletrônica de Educação**, v. 9, n. 2, p. 161-187, 2015. Disponível em: https://www.reveduc.ufscar.br/index.php/reveduc/article/view/1137/408. Acesso em: 24 set. 2025.

GONZALES, L. Racismo e sexismo na cultura brasileira. **Revista Ciências Sociais Hoje**, Anpocs, São Paulo, v. 1, n. 1, p. 223-244, 1984.

HAMZE, A. Escola Nova e o movimento de renovação do ensino. **Revista Nova Escola**. 2019.

LAHIRE, B. **Sucesso Escolar nos Meios Populares, as razões do improvável**. São Paulo: Ática, 2008.

LOUZANO, P. Fracasso escolar: evolução das oportunidades educacionais de estudantes de diferentes grupos. **Cadernos Cenpec.,** São Paulo, v. 3, n. 1, p. 111- 133, jun. 2013.

MUNANGA, K. A difícil tarefa de definir quem é negro no Brasil. **Estudos Avançados**, São Paulo, ano 18, n. 50, 2004.

NASCIMENTO, A. **O genocídio do negro brasileiro**: Processo de um racismo mascarado. Rio de Janeiro: Editora Paz e Terra S/A, 1978.

OLIVEIRA, R. C. O trabalho do antropólogo: Olhar, ouvir, escrever. **Revista de Antropologia**, São Paulo, USP, v. 39, n. 1, p. 13-37, 1996.

OLIVEIRA, R. Juventude negra e Ensino Médio: Uma discussão para a agenda das políticas afirmativas. **Revista E- Curriculum**, São Paulo, PUC, v. 13, n., 2, p. 309-330, 2015.

OLIVEIRA, L. F. de; LINS, M. R. F. Pedagogia decolonial e didática antirracista. *In:* CANDAU, V. (org.). **Pedagogia decoloniais e interculturalidade**: Insurgências. [livro eletrônico]. 1. ed. Rio de Janeiro: Apoena, 2020.

PÉREZ, C. L. V. **O Lugar da Memória e a Memória do Lugar na Formação de Professores.** Universidade Federal Fluminense. 2004. Disponível em: www.anped.org.br/reunioes/26/trabalhos/carmenluciavidalperez.rtf. Acesso em: 25 jul. 2021.

PIOTTO, D.; NOGUEIRA, M. A. Um balanço do conceito de capital cultural: contribuições para a pesquisa em educação. **Educação e Pesquisa**, v. 47, p. 1-35, 2021.

PIZA, E.; ROSEMBERG, F. Cor nos censos brasileiros. *In:* CORONE, I.; BENTO, M. A. S. (org.). **Psicologia social do racismo**: estudos sobre branquitude e branqueamento no Brasil. Petrópolis: Vozes, 2017.

ROMÃO, J. O educador, a educação e a construção de uma auto - estima positiva no educando negro. *In:* CAVALLEIRO, E. (org.). **Racismo e anti - racismo na educação**: repensando nossa escola. São Paulo: Selo Negro, 2001. p. 161-178.

SILVA, S. M. da; CANDAU, V. M. F. **A criança negra no cotidiano escolar.** 2009. 161f. Dissertação (Mestrado em Educação) – Departamento de Educação, Pontifícia Universidade Católica do Rio de Janeiro, Rio de Janeiro, 2009.

SILVA C. A. D. *et al.* De como a escola participa da exclusão social: trajetória de reprovação das crianças negras. *In:* ABRAMOWICZ, A.; MOLL, J. (org.). **Para além do fracasso escolar**. Campinas, SP: Papirus, 1997. p. 27-46.

SILVEIRA FILHO, O. F. Pensar escola como lugar de memória de uma cidade. **Docsity.** 2011. Disponível em: www.docsity.com. Acesso em: 1 maio 2021.

SOUZA, N. S. **Tornar- se negro**: as vicissitudes da identidade do negro. Rio de Janeiro: Edições Graal, 1983.

SOUZA, E. R. Marcadores sociais da diferença e infância: relações de poder no contexto escolar. **Cadernos Pagu**, Campinas. n. 26, p. 169-199.

SOUZA, D. C. C.; VAZQUEZ, D. A. Expectativas de jovens do ensino médio público em relação ao estudo e ao trabalho. **Educação e Pesquisa**, São Paulo, v. 41, n. 2, p. 409-426, abr./jun. 2015.

WACQUANT, L. Esclarecer o habitus. **Educação e Linguagem,** ano 10, n. 6, p. 63-71, jul./dez. 2007.